李 勇 編著

皇家寺院

御賜美名的著名古剎

崧燁文化

目錄

序言

文化是民族的血脈，是人民的精神家園。

文化是立國之根，最終體現在文化的發展繁榮。博大精深的中華優秀傳統文化是我們在世界文化激盪中站穩腳跟的根基。中華文化源遠流長，積澱著中華民族最深層的精神追求，代表著中華民族獨特的精神標識，為中華民族生生不息、發展壯大提供了豐厚滋養。我們要認識中華文化的獨特創造、價值理念、鮮明特色，增強文化自信和價值自信。

面對世界各國形形色色的文化現象，面對各種眼花繚亂的現代傳媒，要堅持文化自信，古為今用、洋為中用、推陳出新，有鑑別地加以對待，有揚棄地予以繼承，傳承和昇華中華優秀傳統文化，增強國家文化軟實力。

浩浩歷史長河，熊熊文明薪火，中華文化源遠流長，滾滾黃河、滔滔長江，是最直接源頭，這兩大文化浪濤經過千百年沖刷洗禮和不斷交流、融合以及沉澱，最終形成了求同存異、兼收並蓄的輝煌燦爛的中華文明，也是世界上唯一綿延不絕而從沒中斷的古老文化，並始終充滿了生機與活力。

中華文化曾是東方文化搖籃，也是推動世界文明不斷前行的動力之一。早在五百年前，中華文化的四大發明催生了歐洲文藝復興運動和地理大發現。中國四大發明先後傳到西方，對於促進西方工業社會發展和形成，曾造成了重要作用。

中華文化的力量，已經深深熔鑄到我們的生命力、創造力和凝聚力中，是我們民族的基因。中華民族的精神，也已深深植根於綿延數千年的優秀文化傳統之中，是我們的精神家園。

總之，中華文化博大精深，是中華各族人民五千年來創造、傳承下來的物質文明和精神文明的總和，其內容包羅萬象，浩若星漢，具有很強文化縱深，蘊含豐富寶藏。我們要實現中華文化偉大復興，首先要站在傳統文化前沿，薪火相傳，一脈相承，弘揚和發展五千年來優秀的、光明的、先進的、科學的、文明的和自豪的文化現象，融合古今中外一切文化精華，構建具有

中華文化特色的現代民族文化，向世界和未來展示中華民族的文化力量、文化價值、文化形態與文化風采。

　　為此，在有關專家指導下，我們收集整理了大量古今資料和最新研究成果，特別編撰了本套大型書系。主要包括獨具特色的語言文字、浩如煙海的文化典籍、名揚世界的科技工藝、異彩紛呈的文學藝術、充滿智慧的中國哲學、完備而深刻的倫理道德、古風古韻的建築遺存、深具內涵的自然名勝、悠久傳承的歷史文明，還有各具特色又相互交融的地域文化和民族文化等，充分顯示了中華民族厚重文化底蘊和強大民族凝聚力，具有極強系統性、廣博性和規模性。

　　本套書系的特點是全景展現，縱橫捭闔，內容採取講故事的方式進行敘述，語言通俗，明白曉暢，圖文並茂，形象直觀，古風古韻，格調高雅，具有很強的可讀性、欣賞性、知識性和延伸性，能夠讓廣大讀者全面觸摸和感受中華文化的豐富內涵。

　　　　　　　　　　　　　　　　　　　　　　　　　　　肖東發

塔廟始祖　法門寺

法門寺位於陝西省寶雞市扶風縣城北十公里處的法門鎮，始建於東漢末年恆靈年間，距今約有一千七百多年的歷史，有「關中塔廟始祖」之稱。

法門寺因舍利而置塔，因塔而建寺，原名阿育王寺。釋迦牟尼佛圓寂後，遺體火化結成舍利。公元前三世紀，阿育王統一印度後，為弘揚佛法，將佛的舍利分送世界各國建塔供奉。法門寺在始建後，歷經魏隋等朝代，至唐朝時，進入它的全盛時期。

▌北魏時因舍利而置塔建寺

傳說，陝西省扶風縣法門鎮美陽村有個叫法阿門的窮苦書生，自小父母雙亡。他眼看豪強橫行、盜賊四起和民不聊生的情況，感到極度痛苦。

■法門寺牌匾

恰在此時，印度孔雀王國的釋迦牟尼創建了佛教，教化民眾行善積德普度眾生，功德無量，具有很多信眾。沒過多久，佛法無邊的佛教就傳到周朝京都地區。

■法門寺全景

法阿門信仰佛教後，四處演講遊說。又向朝廷上書，建議天子繼承和發揚先祖文王和武王的傳統，關心天下疾苦，整頓官吏和世風民俗，大力發展農耕。他同時也在家鄉法門鎮美陽村建立教壇，著書立說，傳播佛教。

人們受法阿門傳播的佛道所感化，互相尊重，團結和睦，耕稼習武，懲惡罰盜，講求道德禮貌，使當地人們過上豐衣足食的幸福生活。

就在這時，當朝的周天子認為自己是主宰天下的真龍天子，法阿門所宣揚的是「異端邪說」，於是下旨緝拿法阿門問罪。

天子是封建社會最高統治者的稱呼。他們為了鞏固自己的地位和政權，自稱其權力出於神授，是秉承天意治理天下，故稱為天子，或稱為「真龍天子」。

周天子斥問法阿門：「大膽狂徒，施教邪說，蠱惑民心，妄奪皇室，罪該萬死！」

法阿門自恃有神靈保佑，臨陣不懼，拱手誦道：「天皇皇，地皇皇，佛法無邊喜降祥，行善去惡人心暢，國泰民安天下揚。」

周天子一聽怒道：「我砍掉你的雙腿，你既然佛法無邊，看你怎能活動！」

周天子一聲令下，法阿門的雙腿就被砍掉了，血水塗地。法阿門揮手怒斥，又被砍去了雙手；他疾呼分辯，又被割掉了舌頭；他怒目眈眈，又被剜去了雙目；他搖頭抗爭，又被削去了雙耳；他挺直身軀以示不屈，最後就被斬殺了。

此事傳到了印度釋迦牟尼的耳朵裡，他被法阿門護教傳道的行為感動了。釋迦牟尼正患重病，他便對國王阿育王說：「我入化後，汝將吾體斷成四萬八千塊，一塊送往東土周朝法阿門的故居，其餘的都分送到世界各地。」

釋迦牟尼圓寂後，阿育王遵照他的遺囑，先將「真佛」遺體淨身，祭拜七七四十九天，然後按照印度習俗將其真身火化。傳說火化時，真身果然爆裂出紅、紫、黑三種形如骨指、靈蓋骨和骨片等四萬八千塊圓形聖物。

於是，阿育王派遣各路神鬼在一夜之間，把四萬八千塊聖物分送到了世界各地。其中一節佛指舍利被送到了法阿門的故居。

據說佛指舍利送到之夜，靈光閃耀，祥雲升騰，在法阿門曾經誦經的地方頃刻聳立起一座幾十公尺高的雄偉寶塔，而且寺廟樓舍廳廊聳然林立，金光閃閃，笙鼓喧天。

塔頂閃現出紅黃藍白紫五色彩光，香煙裊裊，祥雲冉冉。塔底洞穴金光輝

■釋迦牟尼原名喬達摩‧悉達多，生於尼泊爾南部，佛教的創始人。成佛後的釋迦牟尼，尊稱為佛陀，意思是大徹大悟的人。民間信仰佛教的人也常稱呼他為佛祖、如來佛祖。

眼，水銀池上泛有一艘金船，船上金蓮花叢中置有寶匣，匣內珍藏著一枚佛指舍利。

說來奇怪，在周朝都城岐邑一夜之間也突然冒出了許多佛塔，周天子與那裡的百姓當時並不信佛，於是就下令將其剷去。可是第二天塔又冒了出來。周天子再次下令將塔剷去。然而塔再次冒了出來。如此這般，塔被鏟了一鏟又一鏟，但是，塔仍然巍然屹立。

在法阿門家鄉出現的佛塔，因為塔內珍藏著一枚佛指舍利，便被視作釋迦牟尼的「真身」之地，因此被稱為「真身阿育王寺」，寺院寶塔也被稱為「大聖真身寶塔」。

真身就是指本來面目。在神話或佛教中，真身是一切變化的基礎，但並不意味著完美。事實上真身是在修煉中的某個時間點觸發並固定下來，可以說成道之身即為真身，如鐵拐李的殘缺之軀，豬八戒的豬形都是真身。

■寶雞法門寺內的舍利塔

西域狹義上是指玉門關、陽關以西和蔥嶺（即今帕米爾高原）以東，巴爾喀什湖東、南及新疆廣大地區。而廣義的西域則是指凡是透過狹義西域所能到達的地區，包括亞洲中、西部，印度半島地區等。

人們得知是真佛顯聖，就頂禮膜拜，因而這裡日夜香火不斷，就連周天子聞訊後也派人重修廟宇，塑造佛像。為了紀念法阿門為佛教事業而英勇捐軀的精神，人們因此將阿育王寺尊為皇家禮佛之地，並將阿育王寺改名為「法門寺」。

香火指供奉神佛或祖先時燃點的香和燈火：來朝拜的很多，香火很盛。古時候香火也指後輩燒香燃火祭祖，故斷了香火就指無子嗣。古時有一說，不孝有三，無後為大，即沒有後代傳承香火是最大的不孝。

但實際上據專家考證，法門寺始建於公元四九九年前後，法門寺真身寶塔就是因塔下藏有佛祖真身舍利而得名，原名「阿育王寺」或「無憂王寺」。

法門寺因藏儲佛骨而修塔，因修塔而建寺，所以起名塔寺。佛骨是佛教始祖釋迦牟尼骨頭，也稱佛舍利。佛舍利在中國的奉藏，大概是在佛教傳入中國之時，也就是在漢武帝打通西域以後。

那時候的大月氏和安息，即現在的阿姆河流域和亞洲西部伊朗高原東北部，已盛行佛教。史載霍去病還從匈奴那裡帶回長丈餘的「金人」，即銅佛像，置於甘泉宮；西漢哀帝元壽元年（公元前二年），博士秦景憲受大月氏王使伊存口授《浮屠經》，這是佛經傳入中國的開始。

霍去病（公元前一四〇年至公元前一一七年），中國西漢武帝時期的傑出軍事家，曾任大司馬驃騎將軍。他好騎射，善於長途奔襲，帶領士兵多次殺得匈奴節節敗退。

公元五八年，漢明帝劉莊曾派了十二人去天竺（即今印度）求經。這一次，他們不但帶回佛經五部四十二章，還有印的高僧攝摩騰和竺法蘭也與他們一道回來。他們經絲綢之路到了洛陽，住在當時的官署鴻臚寺。那時，白馬寺已建成，中國信仰佛教的人也逐漸增多。

關於佛骨儲藏中國的時間，公元一六五三年的《重修法門寺鐘樓記》碑文中有「從聞法門寺建自西典東來，藏牟尼舍利於浮屠」的話語，可見佛教與佛骨是同時傳來中國的，佛經進了白馬寺，佛骨則儲存在阿育王寺塔中。

據說，在陝西省西部岐山西二點五公里有一處佛指溝，佛指溝恰好位於絲綢之路的關中道上。從印度傳來的佛骨曾在此暫存，直到阿育王塔寺修好後才將佛骨迎入寺內塔下安置。

公元六七年，佛教傳入中國後，中國也開始建築佛塔儲佛骨佛牙，法門寺舍利塔大致就是這時候建造的。現存法門寺有兩面漢代銅鏡，原藏法門寺塔中，還有地宮中挖掘出的漢代銅幣，這些或可作為法門寺建於東漢時期的佐證。

關於法門塔寺建築舍利塔事，據唐代相關著名地理文獻記載，法門寺塔是中國當時的第五個舍利塔。專門為供奉佛骨或葬儲僧尼屍骨之用，也作為收存佛經或置佛像之處。法門寺塔是專藏佛骨之塔，也是供奉佛像和存放佛經的塔。相傳法門寺塔為阿育王所修，以儲佛骨，所以稱為「阿育王舍利塔」。

法門寺的真身寶塔分木塔和磚塔兩種。法門寺塔的木塔自西漢修建以來，在十六國和南北朝混戰時期，遭到戰火

■漢明帝（公元二八年至七五年），本名劉莊，性格剛毅嚴酷。漢明帝提倡儒學，注重刑名文法，為政苛察，總攬權柄，權不借下。他致力消除北匈奴的威脅，開拓與西域的交往。明帝之世，吏治比較清明，境內安定。

焚燬。加上北魏太武帝拓跋燾採納崔浩奏言，禁佛教、毀佛經、佛像和塔寺，阿育王寺舍利塔遭到「斷佛道經像毀場」的劫難，以致塔寺成為廢墟。但信徒們還不斷來這裡燒香敬佛，稱為「聖塚」。

到了北魏時期，孝文帝改拓跋為元姓，名為元宏，史稱元魏，再次信仰佛教。公元四七二年，時任州牧的拓跋育修復了阿育王寺和舍利塔，並於公元四九四年首次開塔瞻禮舍利。法門寺始建後，不斷地發展。

公元五五八年，北魏皇室後裔拓跋育進行大規模擴建，開創了供奉法門寺佛骨的先河。但不久後爆發的北周武帝滅佛運動，法門寺遭到重創。

■法門寺內的阿育王舍利塔

公元五八三年，「阿育王寺」改名「成實道場」，舍利塔則叫「成實道場舍利塔」。公元六〇二年，隋朝兩次開塔瞻禮，法門寺因隋文帝的崇佛而東山再起。

公元六一八年，「成實道場」被當時名義上還是隋朝大丞相的李淵改為「法門寺」，舍利塔則名叫「法門寺舍利塔」。可就在這一年，法門寺因遭受火焚，而塔基殘露。

■李淵（公元五六六年至六三五年），中國傑出的政治家和軍事家。出身於北朝關隴貴族，七歲襲封唐國公。隋末天下大亂時，他乘勢起兵攻占長安。後來，他統一了全國，建立了大唐王朝。

【閱讀連結】

古時，有一個叫師曠的窮苦書生特別酷愛音樂，他甚至能用一片樹葉吹出十幾種鳥鳴聲。

有一天晚上，他睡得正香，一個紅衣少女來到他身旁，並遞給他一塊紅色綢緞：「天宮樂譜全記在上面，你要潛心研究……」說罷，紅衣少女變成了一塊紅褐色的七孔石碑。

第二天，師曠果然見到了七孔石碑。當他用手觸摸到碑的小孔處時，竟然有「哆來咪發唆啦唏」的美妙聲音從小孔處溢出。他大為驚訝，用這七個音節譜了一首又一首美妙曲子。

後來，七音碑在戰亂中被遺棄荒野，在法門寺建成後，有和尚找到此碑，並將它移到了法門寺，只可惜這塊七音碑最終被人砸壞拋到一個石灰窯徹底湮沒了。

▌在唐朝進入全盛時期

到了唐代，法門寺迎來它最為輝煌的時期。唐朝建立後，法門寺的住持需由皇帝親自任命。法門寺成為大唐帝國崇拜、供養佛舍利的中心和皇家內道場，在國家宗教生活中占據至高無上的地位。

■法門寺寺廟建築

公元六一九年，唐朝秦王李世民安排八十名和尚入住法門寺，並任命寶昌寺僧人惠業和尚為法門寺的第一任住持。公元六二五年，唐高祖李淵下令擴建「法門寺」。

到了貞觀年間，唐太宗李世民曾三次開塔就地瞻禮舍利。原塔俗名「聖塚」，後在法門寺原來的塔基殘露處把阿育王塔改建成四級木塔，名曰望雲殿，殿樓四層，出手可及雲彩。

在貞觀年間，唐朝花費大量人力財力對法門寺進行擴建和重修，寺內殿堂樓閣越來越多，真身寶塔越來越宏偉，區域也越來越廣。

公元六六〇年，唐高宗李治迎佛骨於東都洛陽，供養三年後，於龍朔二年，也就是公元六六二年，送歸法門寺地宮，並詔令和尚惠恭和意方等重修法門寺塔。

到公元了六八四年，法門寺內僧尼已發展到五千多人。唐王朝也終於完成瑰琳宮「二十四院」的建設，成為中國古代規模最大、等級最高和僧人最多的皇家寺院，並輔以嚴格的僧伽制度：

法門寺住持僧由皇帝任命；法門寺僧團由高層次僧人組成，僧伽不拘宗派，各宗並弘。

僧伽制度佛教大興後，信徒倍增，犯過失的也隨之增多，隨之系統而完備的律制應運而生。僧伽制度就是出家僧尼共同遵守的禁戒制度和規定以及傳統習慣。

■唐高宗（公元六二八年至六八三年），本名李治。李治即位之初朝政被顧命大臣長孫無忌及褚遂良等掌握，在唐高宗徹查一宗謀反案後，他的皇位才得到鞏固。

在此基礎上，唐王朝形成一套十分完備的皇帝迎送佛指舍利的儀軌、弘法和法事。使法門寺成為「九經十二部」總傳的道場，大唐佛教文化的中心。

唐代法門寺的「二十四院」有：釋迦院以誦習佛教經典為業，宣示佛祖事業、教化及教旨，為眾院之首。

毗盧遮那佛漢譯大日如來，是佛教密宗至高無上的本尊，是密宗最高階層的佛，為佛教密宗所尊奉的最高神明。密宗所有佛和菩薩皆自大日如來所出。

彌陀院供奉阿彌陀佛，主誦淨土「三部一論」。塔會院即真身院，專門護持供養真身舍利寶塔。毗盧院供奉毗盧遮那佛，誦習《華嚴經》。

《華嚴經》全名《大方廣佛華嚴經》，是大乘佛教修學最重要的經典之一。據稱是釋迦牟尼佛成道後，在禪定中為文殊和普賢等上乘菩薩解釋無盡法界時所宣講的要典。

羅漢院專門供養小乘修行者所成就的最高果位。祝壽院即誕生院，專為皇室祈福、請壽而設。上生院供養無量壽佛。

天王院供養四大天王。三聖院供奉阿彌陀佛、觀世音菩薩、大勢至菩薩，主弘淨土三經和《華嚴經》以及《法華經》。十王院即普賢院，十王為普賢十大願王。五會院專修淨土五會唸佛法門。圓通院即觀音院，專門供養觀音菩薩。

淨光院是主修齋天和敬天教法的道場。淨土院專修淨土念佛法門。北禪院、南禪院和西禪院都專修禪法和悟般若。

■法門寺內景

維摩院主講《維摩詰經》，弘揚「不二」大乘教旨。妙嚴院誦持楞嚴咒，講誦《金光明經》。地藏院供養地藏菩薩，為眾生消災，為亡靈祈福。戒壇院為寺眾受戒，弘揚各種戒律。

吉祥院即文殊院，供養文殊菩薩，弘揚文殊信仰。新興院即弟子院，是那時的佛學教育機構。

另外，有學者認為，唐時的法門寺還應包括寺院服務管理的浴室院和庫院，以及修造院與供方僧住的招提院，還有供養道教神祇的城隍廟院。

在法門寺寺內，大、小乘教並弘，顯、密宗圓融，成為唐代叢林梵剎之典範。如同唐代社會對各種文化所體現出

■武后（公元六二四年至七〇五年），即武則天，她不僅是詩人，還是一位政治家，是中國歷史上唯一一個正統的女皇帝。唐高宗時她為皇后，後自立為武周皇帝，國號為「周」。史稱「武周」或「南周」。

的包容精神一樣，唐代法門寺的佛教亦表現出各宗各派、共存共榮的兼容態度。

唐朝兩百多年間，先後有高宗、武后、中宗、肅宗、德宗、憲宗、懿宗和僖宗八位皇帝六迎二送供養佛指舍利。每次迎送聲勢浩大，朝野轟動，皇帝頂禮膜拜，等級之高，絕無僅有。

唐朝是法門寺的全盛時期，它以皇家寺院的顯赫地位，以七次開塔迎請佛骨的盛大活動，對唐朝佛教、政治產生了深遠的影響。

據史載「三十年一開，則歲豐人和」，可干戈平息，國泰民安，風調雨順。

公元八七四年唐僖宗李儇在最後一次送還佛骨時，用曼荼羅，即結壇的形式，按照佛教儀軌，以地宮中室為中心，四枚舍利為主體，將佛指舍利及數千件稀世珍寶一同封入塔下地宮，用唐密曼荼羅結壇供養，以此實現「八荒來服，四海無波」的護國佑民理想。

這是中國佛教密宗的最高結集，體現出印度佛教中國化後，融合儒家大同世界觀念而再度昇華的理想境界。

密宗又稱為真言宗、金剛頂宗、毗盧遮那宗、祕密乘和金剛乘，綜合各國的傳承，統稱為「密教」。八世紀時密教在印度具有很大的影響力，後傳入中國，從此修習傳授形成了中國密宗。

■法門寺佛手

由於唐代諸帝篤信佛法，對舍利虔誠供養，使法門寺成為皇家寺院及舉世仰望的佛教聖地。

宰相是輔助帝王掌管國事的最高官員的通稱。宰相最早起源於春秋時期。管仲就是中國歷史上第一位傑出的宰相。到了戰國時期，宰相的職位在各個諸侯國都建立了起來。宰相位高權重，甚至受到皇帝的尊重。「宰」的意思是主宰，「相」本為相禮之人，字意有輔佐之意。「宰相」聯稱，始見於《韓非子·顯學》中。

到了公元七一〇年，大唐皇帝賜名舍利塔為「大聖真身寶塔」。公元七八六年，唐代宗又改稱「法門寺舍利塔」為「護國真身寶塔」。

唐代宗（公元七二七年至七七九年），本名李豫。安史之亂以後，大唐開始走向衰落。後來，由於吐蕃占領首都長安十五日。唐代宗為求暫時安定，大封節度使，造成了藩鎮割據。朝廷政治經濟進一步惡化。

總體來說，唐朝法門寺興隆的基礎是寺院經濟實力雄厚。其經濟來源是各方施捨，共成聖事。

一是王室施捨。如顯慶年間，高宗給錢五千兩，絹五十匹，以充補供養；後又敕常侍王君德送絹三千匹，供造阿育王像和補固塔用；則天皇后舍所寢衣帳、直絹一千匹，並為佛祖真身舍利造九重寶函和金棺銀槨。

長安四年（公元七〇四年）冬，施絹三千匹。上元初（公元七六〇年）七月，唐肅宗詔賜瑟瑟像一鋪，事以金銀之具，另有金襴袈裟以及檀香數百兩之贈。貞元六年（公元七九〇年）二月迎佛骨時，傾都瞻禮，施財巨萬。同時王室還賞賜給法門寺田產、房屋和車馬。

二是王公朝士布施。如三迎佛骨時「舍財投寶者恥後」，五迎佛骨時「舍施唯恐弗及，有竭產充施者」；咸通迎佛骨時，「宰相以下竟施金帛，不可勝紀」。

三是民間施捨。都城長安還為佛骨成立了民間布施機構迎真身舍利，自開元之後，直至咸通最後一次迎送佛骨，民間施捨的錢財不可計數。

有關唐朝法門寺的全盛景象，後來在法門寺地宮中的考古發現得到了充分的驗證，而且其中有十大發現被世界各界讚為世界十大之最。

■法門寺佛像

地宮出土的佛指舍利中有一個金骨和三個影骨，是世界上目前發現的有文獻記載和碑文證實的釋迦牟尼佛真身舍利，是佛教世界的最高聖物。

法門寺地宮，是世界上目前發現年代最久遠、規模最大、等級最高的佛塔地宮。

地宮文物陳列方式，是世界上目前發現最早的唐代密宗之金胎合曼曼荼羅。地宮兩萬七千枚錢幣中，十三枚玳瑁開元通寶是世界上目前發現的最早的、絕無僅有的玳瑁幣。玳瑁幣是用玳瑁，即一種海龜的甲殼雕刻而成的貨幣，是中國古代貨幣中極其罕見的。

開元通寶是中國古代的一種貨幣，主要指中國唐朝在開元年間，公元六一二年發行的一種象徵「天圓地方」的圓形方孔銅質貨幣。

地宮出土的一整套宮廷茶具，是目前世界上發現的年代最早、等級最高、配套最完整的宮廷茶具，打破了日本茶文化起源說。

地宮中出土的雙輪十二環大錫杖，長約二公尺，是目前世界上發現的年代最早、體型最大、等級最高、製作最精美的佛教法器。

地宮中發現的十三件宮廷祕色瓷，是世界上目前發現的年代最早，並有碑文證實的祕色瓷器。

　　地宮中發現的七百多件絲織品，幾乎囊括唐代所有的絲綢品類和絲織工藝，堪稱唐代絲綢的寶庫，是唐代絲綢考古的空前大發現。

　　盛裝第四枚佛指舍利的八重寶函，是目前世界上發現的製作最精美、層數最多、等級最高的舍利寶函。

■法門寺地宮

■法門寺錫杖

　　安奉第三枚佛祖真身舍利的鎏金銀寶函，上面鏨刻金剛界四十五尊造像曼荼羅，是目前世界上發現最早的密宗曼荼羅壇場。

鏨刻就是在設計好器形和圖案後，按照一定的工藝流程，以特製工具和特定技法，在金屬板上加工出千變萬化的浮雕狀圖案。

浮雕是雕塑與繪畫結合的產物。中國古代浮雕藝術，線條氣韻生動，是在裝飾審美、形式表現和藝術精神方面所表露出的民族特點。

金剛為密宗術語。金剛一詞的梵文是「縛日羅」、「伐折羅」，本來是指神話中的武器。現今金剛為鑽石的簡稱，也可比喻身材巨大有力的人。

【閱讀連結】

據傳說，明代有一對相依為命的姐弟倆，自幼父母雙亡。因家貧，姐姐宋巧姣只好讓弟弟宋興兒去財主劉公道家當童工。

當時，有個叫劉彪的特別喜歡孫玉嬌。當他獲悉傅朋與孫玉姣私訂終身的消息後，誤將孫玉姣舅父母當作傅朋與孫玉姣殺死，並將女頭拋到了劉公道家後院。劉公道發現女頭後，恐宋興兒泄密，遂殺人滅口。

次日，劉公道報官誣稱宋興兒竊財畏罪潛逃，眉烏縣令趙璉便捕了宋巧姣問罪。宋巧姣據理申辯，令趙璉惱羞成怒，他將宋巧姣收監後，讓其交十兩銀子贖出。

恰巧，宋巧姣在獄中認識了禍起蕭牆而入牢的孫玉姣，兩人互訴冤情，並判斷殺人兇手為劉彪。之後，傅朋託人贖出宋巧姣。

有一天，宋巧姣得知皇太后來法門寺降香，就冒死告御狀。宋巧姣悲號哭訴感動了皇太后，後派人查清此案，昭雪了宋巧姣等人的冤情。

傳說，宋巧姣哭訴完起身後，她膝下所跪的石頭上便出現了兩個圓圓的膝印兒，後來人們就把這塊留有膝窩的青石叫「巧姣跪石」。

▌迎請舍利是唐代的重大盛典

唐朝時期，繼承隋朝供養佛舍利的做法，形成「三十年一開」的制度。唐朝皇帝們堅信定期迎送供養佛骨會給國民帶來富庶、康泰與和平，所以皇帝迎送佛骨成為唐代宗教生活的重大盛典。

法門寺地宮出土的佛指舍利作為佛教聖物和國之重寶，其迎奉自有記載以來就是天下的盛事。所謂迎請舍利，實際就是每隔三十年把珍藏在塔基下地宮中的佛骨迎入長安城皇宮瞻仰。

據記載，法門寺歷史上第一次啟奉佛指舍利是在公元五五五年的北朝時期。其後，到唐朝時，更是出現六次迎奉佛指舍利的輝煌鼎盛。

■法門寺寶函

唐朝皇帝第一次迎奉佛指舍利是在公元六五九年。唐高宗遣高僧智琮和弘靜迎奉佛指入宮，但要求必須出現瑞相。

　　智琮於舍利塔下誦經繞佛十天仍無靈應，為表虔誠，遂燃臂供佛，終於感得瑞相，舍利塔下三尊佛像從足下開始放光。佛指舍利遂首次被迎奉入宮。

　　長安城為現今西安城的舊稱，是中國七大古都之一。西漢、新莽、前趙、前秦、後秦、西魏、北周、隋、唐朝皆建都於此。現存城址有西漢長安城和唐長安城。

　　第二次迎奉佛指舍利是從武周長安四年（公元七〇四年）至中宗景龍二年（公元七〇八年）。武則天命鳳閣侍郎崔玄暐和法藏法師到法門寺迎奉佛指。法藏等入塔行道七晝夜，才啟發舍利。

　　除夕日舍利至西京崇福寺，次年正月十一舍利被迎入神都，即現在洛陽，置於明堂。正月十五，武則天身心護淨，虔誠請法藏奉侍，普為善禱。後唐中宗遣法藏等造白石靈帳一鋪入塔，供養舍利。

　　第三次迎奉佛指舍利是在公元七六〇年。唐肅宗敕僧法澄和中使宋合禮以及鳳翔府尹崔光遠迎請佛指舍利入長安內道場。此時「安史之亂」尚未平定，迎奉舍利有祈願「兵革早息」之意。

　　安史之亂是中國歷史上一次重要事件，是唐朝由盛而衰的轉折點。指安祿山和史思明起兵反唐的一次叛亂。自七五五年至公元七六二年結束，前後達八年之久。

　　第四次迎奉佛指舍利是在公元七九〇年，這時唐王朝經受安史之亂的打擊，元氣未復，唐德宗皈依佛教並奉迎佛指舍利於長安，先在內道場供養，再移駕京都諸寺。

　　第五次迎奉佛指舍利是在公元八一九年。唐憲宗啟塔，親奉香燈，舍利先在禁中供奉三日。唐憲宗夜裡看到佛指舍利大放光明，滿朝百官伏地叩賀。後佛指又送長安各佛寺，王公士庶奔走膜拜，甚至燃頂、燃臂和燃指以為供養。

　　第六次迎奉佛指舍利是在公元八七三年。這次迎奉舍利的聲勢浩大，供品最多，是唐代迎請舍利最盛大的一次，也是最後一次迎請舍利。此次迎請舍利，唐王朝事先準備了兩年。

　　當時，從京城長安到法門寺兩百多里間，車馬晝夜不絕，沿途都有飲食供應，並設置數以萬計金玉珠翠裝飾的浮屠和寶帳等物。

　　迎請佛骨的儀仗車馬由甲冑鮮明和刀杖齊全的皇家御林軍導引，文武大臣護衛和名僧和尚擁奉。御林軍亦稱「羽林軍」，是中國古代護衛皇帝、皇家和皇城的特殊軍隊。始於漢武帝劉徹，此後歷朝歷代的御林軍的隸屬系統、機構統領、職能權力和地位都不一樣。

　　旌旗蔽日，鼓樂鼎沸，沿途站滿虔誠膜拜的善男信女。長安城內各街用綢緞結紮各種綵樓。皇帝親臨安福門城樓頂禮迎拜，官員百姓們沿街禮拜迎候。

　　按慣制，舍利先要迎請到皇宮內供奉三天，然後再迎送到京城寺院輪流供養。在這期間裡，文武百官和豪族巨富都爭施金帛，四方百姓扶老攜幼前來瞻仰，甚至有斷臂截指以示虔誠。

　　自這次迎骨請佛骨之後，地宮關閉，與世隔絕千餘年之久。後來，一套唐懿宗賜贈的八重寶函和金塔，在陝西省扶風縣法門寺地宮後室被考古學家們發現。

　　八重寶函和金塔是唐懿宗用來供奉佛祖釋加牟尼真身佛指舍利的，做工精細、造型優美，精雕細琢，世所罕見。其價值不僅在平雕刀法、寶鈿珍珠裝及盝頂等工藝，還在於刻鑿在四周壁面上的文殊、如來造型，是一個由大小不同的八重金銀寶函套合而成的多重寶函。

　　它的最外層是一個長寬高各零點三公尺的銀棱盝頂黑漆寶函。所謂盝頂，就是涵蓋上棱成斜面的函。用極其珍貴的檀香木製作而成，並且用雕花銀條棱邊。盝頂是中國傳統屋頂之一，盝頂梁結構多用四柱，加上方子抹角或扒梁，形成四角或八角形屋面。頂部有四個正脊圍成為平頂，四周加上一圈外

檐。盝頂在金、元時期比較常用，元大都中很多房屋都為盝頂。明、清兩代也有很多盝頂建築。例如明代故宮的欽安殿、清代瀛台的翔鸞閣就是盝頂。

在銀棱檀香木函內是一個略小的鎏金盝頂四天王寶函，用一條絳黃色的綢帶十字交叉緊緊捆紮。函頂面鏨刻兩條行龍，首尾相對，四周襯以流雲紋，每側斜面均鏨雙龍戲珠，底面鏨飾卷草紋，四側立沿各鏨兩只迦陵頻伽鳥，身側飾以海石榴花和蔓草。

函的四側分別刻有四大天王圖像，正面是北方大聖毗沙門天王，左面是東方提頭賴吒天王，右面是西方毗盧勒叉天王，後面是南方毗婁博叉天王。

第六重是素面銀寶函，第五重是鎏金如來坐佛說法銀寶函。在第四重寶函裡，綢帶綁的和金鎖鎖的是一個純金盝頂寶函，重一千五百克。

■寶函裡的小金塔

函體四面立沿上，各鏨四只鴻雁。正面為一幅六臂觀音圖，觀音菩薩慈眉善目，前邊兩隻手臂交叉於胸前，後邊四臂手環形伸向雲天。她的座下為數層蓮瓣的蓮台，兩側天空有幾位天女正拋撒鮮花。

函身右側為普賢菩薩坐像，兩旁為六隻小兔和八尊金剛為其做伴。函左側是文殊菩薩坐像，菩薩安坐於一頭大象的背上，一側是沙門天王駕著祥雲接引十九位沙彌和使者飛入天宮。函的後面是帷帽菩薩圖，頭頂是玉女手擎的華蓋，四周是幾位弟子虔誠地聽經。

第三重寶函內，是一尊純金寶函，函身鑲滿紅寶石、綠寶石、翡翠、瑪瑙、綠松石等各色寶石。涵蓋頂面和側面紅、綠二色寶石鑲嵌成大大小小的蓮花。函身四面用綠松石各鑲兩只鴛鴦伴以花卉。

■ 法門寺唐代茶具

重重寶函，呈現的是一座精緻的小金塔，高一百零五公分，塔頂飛檐高翹，彩光閃爍，金磚金瓦層層如真。塔身的四壁都刻滿紋飾，並伴有四扇小金門。

塔座上有一小銀柱，盤為細頸鼓腰狀，喇叭口徑處雕十二朵如意雲頭，鼓腰上兩平行線連為四組三鈷杵紋桿狀十字團花，襯以珍珠紋，腰底為蓮瓣

形，銀柱托底也呈八瓣蓮花狀。間以三鈷杵紋，柱底還有一墨書小字「南」。聖物佛指舍利就套在這根小銀柱上。

在同一時期，珍藏於地宮漢白玉靈帳中的盝頂鐵函被發現。啟開木盒內最後一層彩絹時，發現鎏金銀棺。銀棺狀如棺木，而整個小銀棺就置於一座雕花的金棺床上。棺床前後分別有五座壺門，左右兩側是雕花簾帷。第二枚舍利就置其內。

在地宮後室北壁祕龕內，有一隻鏽跡斑斑的鐵函，裡面是一枚四石五尊造像盝頂銀函。上面放著兩枚碩大的水晶球，還有兩枚雕花白玉指環，兩枚雕花金戒指，一串寶珠，數條繡花綢絹。

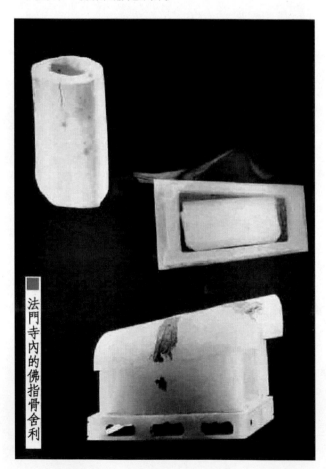

法門寺內的佛指骨舍利

四十五尊造像盝頂銀函為正方體，長寬高各十七公分，涵蓋、函身雕工極為精緻。函身下沿鏨刻「奉為皇帝敬造釋迦牟尼真身寶函」。四十五尊造像盝頂銀函內放置銀包角檀香木函，函頂、函身均包裹銀雕花包角，以平雕加彩繪手法雕滿各種花卉，上繫銀鎖、鑰匙一副。

銀包角檀香木函內為嵌寶石水晶椁子。椁蓋上鑲嵌黃藍寶石各一枚，體積碩大，炫耀奪目。椁蓋雕觀世音菩薩及寶瓶插花，椁身四面皆雕文殊菩薩坐像及蓮座、花鳥。水晶椁子內是壼門座玉棺。

這裡面又是一枚佛指舍利。後來，經專家們鑒定這枚佛指舍利是佛祖釋迦牟尼真身指骨舍利。這枚舍利是當今世界上獨一無二、佛教界至高無上的聖物。

之後，第四枚佛指舍利很快在阿育王塔中被發現了。這四枚舍利的發現，足以表明法門寺在中國唐代時期是佛教朝拜的聖地。

【閱讀連結】

唐太宗晚年皈依佛教，自稱是「菩薩戒弟子」，並修建佛寺，支持譯經。有史記載，唐太宗第一次將法門寺所藏的佛舍利「示人」時，有一盲人「見」了佛舍利，居然復明了。隨後，武則天還將自己的「一腰繡裙」送進地宮供養舍利。

公元七○八年，唐中宗李顯割下自己以及皇后和子弟等七人頭髮「下髮入塔」，以身供養舍利。可見，唐皇室尊奉佛指骨舍利是愈演愈烈。

▌地宮設置重要壇場法器

法門寺作為唐代皇家寺院，文化內涵十分豐富。每次迎奉佛骨，皇帝和大臣都要供奉大量物品，這些物品後來被唐僖宗下令封閉在法門寺地宮。

■法門寺千佛閣

　　在法門寺的地宮中，除唐代皇帝珍藏的佛指舍利外，還有唐懿宗年間珍藏的用作地宮中供養佛舍利的金銀器具一百二十一件。其中，唐懿宗與唐僖宗父子供養的金銀器就達一百餘件。

■法門寺內的鎏金銀茶籮

這些生活用具有出自浙西民間工匠之手的浴洗佛像的浴佛盒，也有來自宮廷作坊文思院的一整套系列金銀茶具等珍品。

駕鶴即騎鶴，據漢代經學家劉向著《列仙傳‧王子喬》記載，佛教徒王子喬從浮丘公學道三十年後，乘白鶴駐緱氏山巔，數日而去。因此後以「駕鶴」比喻得道成仙。

鎏金壺門座茶碾子通體呈長方形，由碾槽、轄板和槽座組成。槽呈半月形尖底，口沿平折，與槽座銲接。槽身兩端為如意雲頭狀，兩側各有一隻飛雁及流雲紋。槽座嵌於槽身，座壁有鏤空壺門，門之間飾天馬流雲紋。

茶碾子打開後，上置純銀鍋軸，軸刃有平行溝槽，軸桿圓形，中間粗兩端細，其上鏨刻「五哥」兩字，表明此器為唐僖宗供奉。軸孔四周鏨團花，外飾流雲紋，鏨文上有「碢軸重一十三兩」，軸可來回轉動。茶碾子是碾茶器，在煮茶時，供碾碎餅茶之用。

鎏金銀茶羅，全稱為「鎏金仙人駕鶴紋壺門座銀茶羅」。通體呈長方形，由蓋、羅、屜、羅架、器座組成，均是鈑金成型，紋飾塗金。蓋頂鏨兩體首尾相對的飛天，並襯以流雲。蓋剎四周各飾一和合雲。羅架兩側飾執幡駕鶴仙人，另兩側為相對飛翔的仙鶴，四周飾蓮瓣紋。

仙鶴即丹頂鶴，是鶴類中的一種。牠在東亞地區的文化中具有吉祥、忠貞、長壽的象徵。也是古代人民認為最崇高動物中的一種，象徵聖潔，清雅，長壽。

綬帶是指用於連掛勛章、獎章和略表的帶子。通常以絲綢製作，並有規定的顏色和花紋。現代世界上很多國家的勛章和獎章皆配有綬帶。

羅和屜均為匣狀，中夾羅網，屜面飾流雲紋，有拉手。羅架下有台形座器，設鏤空壺門。茶羅子，即茶篩。它是餅茶經茶碾碾成碎末後作篩茶用的。

金銀絲結條籠子有蓋，直口，深腹，平底，四足。蓋為穹頂，籠有提梁，蓋與提梁間有一金鏈相連。整個籠子用極細的金銀絲編織而成。條結籠子，主要供烘烤餅茶後，趁熱裝入紙袋，作為一種儲器，暫存於此。

鴻雁球路紋銀籠子是烘烤餅茶的用器。因唐時人們飲的是餅茶，飲茶時要將餅茶先進行烘烤後，再經碾碎，方可煮茶飲用。

鎏金雙鳳銜綬帶御前賜銀方盒的盒體呈扁方形，蓋身上下對稱，以子母口扣合。蓋面中心為口銜綬帶相對翱翔的雙鳳團花，角隅鏨十字綬帶花結紋樣，盒底內外有同心圓旋削的痕跡。圈足與盒身銲接而成。底外壁豎鏨「諸道鹽鐵轉運等使臣李福進」，蓋面墨書「隨真身御前賜」六個字。

鎏金雙獅紋菱弧形圈足銀盒的盒體呈菱弧狀，上下對稱，以子母口扣合。蓋面內以聯珠組成一個菱形，與周邊呈相鬥的布局。內菱形中部鏨兩只騰躍的獅子，四周襯以蓮與纏枝蔓草，內外菱形的角隅飾背分式西番蓮紋樣，腹壁上下均鏨二方連續的蓮葉蔓草，圈足飾一周簡蓮瓣。盒底外壁豎鏨刻四行三十三字：

進奉延慶節金花陸寸方合一具重貳拾兩江南西道都團練觀察處置使臣李進。

鎏金十字折枝花小銀碟是鈑金成型，紋飾塗金。共出土二十件中有帶圈足或無圈足之區別。盤圓座葵口小銀碟五曲葵口，平底，淺腹。

■法門寺鴻雁球路紋銀籠子

鎏金鴛鴦團花雙耳大銀盆系唐僖宗供佛用品。澆鑄成型，盆壁分為四瓣，每瓣內鏨兩個石榴團花。團花中有一雙鼓翼鴛鴦立於蓮花之上，兩兩相對，栩栩如生，呼之欲出。鴛鴦團花之間襯以流雲紋。

鴛鴦指雌雄鳧類水鳥。人們多以鴛鴦比作夫妻，最早出自唐代詩人盧照鄰《長安古意》詩，詩中有「願做鴛鴦不羨仙」一句，讚美美好的愛情，此後一些文人競相仿效。

■法門寺鎏金鴛鴦團花雙耳大銀盆

■法門寺鎏金鴛鴦團花雙耳大銀盆

　　鎏金鴛鴦團花雙耳大銀盆盆底模沖、錘打出一對互相嬉戲的鴛鴦和闊葉石榴組成的大團花，四周施魚子紋地，形成淺浮雕效果。特別是盆壁內外的鏨刻，花紋完全相同，猶如透雕而成，是不可多得的唐代金銀器藝術珍品。

　　鎏金鴛鴦團花雙耳大銀盆盆外兩側各鉚接兩個額刻「王」字的天龍鋪首，口銜飾有海棠花的圓環，環上有提耳，圈足微外撇，其外飾蓮花。盆底外壁，鏨刻「浙西」兩字，即唐後期南方金銀器的製作中心。

後來在地宮出土的大量供養器真實地反映了唐代的禮佛儀典。在法門寺地宮中，唐朝用大量金銀器以佛教密宗最高儀軌供養佛祖指骨舍利，其中包括灌頂、供香、供花和燃燈等器具。

　　鎏金即鎦金，古代金屬工藝裝飾技法之一。用塗抹金汞齊的方法鍍金，近代稱「火鍍金」。這種技術在春秋戰國時已經出現。漢代稱「金塗」或「黃塗」。

■法門寺內的長柄銀手爐

　　地宮中常用的器具有：銀芙蕖，即蓮花，是佛教密宗的十大供養之一。佛典中以蓮花往生之所托，又被視為報身佛之淨土，故在佛前多供養此花，花葉用薄銀箔作成，是唐代金銀工藝品的佳作。

　　佛典是釋迦牟尼佛對九法界眾生教育的經書，世尊大徹大悟，說出宇宙萬物人生的真相和真理。也是佛教發展的歷史進程，最能體現各個歷史時期、各個重要佛教思想家和佛教宗派思想的主要經論和著述。

　　灌頂有「驅散」及「注入」的含意，或為「授權」。在修行密法時，首先要有一位具足實證資格的上師，設立本尊壇城，以使密法的修行者，能夠瞭解此種本尊的實修方法。

　　原唐懿宗供奉於地宮後室的鎏金臥龜蓮花紋五足朵帶銀熏爐及銀爐台，其型制高大，製作精美。工藝採用鏨刻、鈑金、鎏金和鉚接等方法，為唐代同類金銀器最宏大的一個，精湛的製造工藝和精美的裝飾圖案令人嘆為觀止。

鎏金象首金剛鏤孔五足朵帶銅香爐通體鎏金，由爐蓋、爐身組成，蓋和身以子母扣開合。蓋面鏤空，蓋頂仰蓮蕾上跪一人身象首金剛，金剛身披綾帶，雙手合捧一寶珠，為密教造像。

香爐也稱熏爐、火爐，為大乘比丘十八物之一，也是佛前或壇前的三具足、五具足之一。是佛事六供或十供常用的首要供具，又是密教修法必用之法器。

長柄銀手爐均為鎏金銀質，一大一小構造相同，以兩半球扣合構成囊體。囊內鉚接持平環和香盂，持平環之間及內環與香盂之間成直角相互支承，使香盂保持平衡。囊體鏤空，供香氣溢出。

鎏金雙蛾紋銀香囊係唐僖宗所供奉，是唐代香囊存世品中最大的一枚。香囊在當時是一種熏香用器，其鉢內放置香料，點燃後香氣從鏤空處外飄，以改善室內的空氣。

鎏金三鈷杵紋銀閼伽瓶共有四尊，原分置於法門寺地宮後室四角，底部分別寫有「東」、「南」、「西」、「北」。

紋飾鎏金細頸、圓腹和圈足，頸飾如意雲頭紋，腹飾四個蓮瓣紋圈成的四曲圓圖。內飾十字三鈷金剛杵紋，圓圖之間以兩周弦紋相接，腹下部飾以一周八瓣仰蓮，仰蓮間立有三鈷金剛杵。

鎏金仰蓮瓣荷葉圈足閼伽水碗的碗壁模沖兩層蓮瓣，錯置排列，瓣尖自然形成口沿。圈足為翻捲荷葉，外鏨葉脈。圈足底鏨文「衙內都虞侯兼押衙監察御史安淑布施，永為供奉」，內足壁墨書之「吼」字是密教咒語。

■法門寺文物鎏金銀香爐

　　水碗與四閼伽瓶同為智慧輪所供，《物帳碑》稱之為閼伽水碗。閼伽水碗為供淨水之具，其圈足所飾之魚梵名摩羯魚，為經論中多處記載的大魚，被視為與鱷、鯊魚和海豚等同類，在印度神話中，它是水神坐騎。

　　臂釧為阿闍梨修法用具。在舉行修法灌頂儀式時阿闍梨臂飾寶釧。也是密教造像中的八莊嚴之一。

　　在唐代，除了以上器具外，常見的寺院法器有香爐、金鼎、雲板、雲鼓、歡門、金幢、寶蓋、幡、長明燈、香案、供具、蒲團、鐘、磬、木魚、鐃、鈸、鉦、鈴等數十種。

　　在法門寺地宮，唐朝為佛祖設置壇場和法器，以行佛道。如地宮中出土的錫杖、鉢盂和如意等均屬此類。另外，僧人們攜行的念珠、錫杖、鉢盂和如意等物也屬此類。

【閱讀連結】

　　公元一九八七年，中國考古隊清理法門寺地宮後室的工作即將結束時，工作人員忽然發現，後室的土層好像被人動過。

工作人員挖開土，一個密龕便露了出來，密龕上有個包裹，裡面有一個鐵函。在鐵函裡套著一重又一重的寶函，裡面藏物經專家鑒定竟然為玉製仿製品。

之後，為了萬無一失，考古專家們對密龕裡發現的鐵函進行 X 射線掃描，確定鐵函內有異物。工作人員打開鐵函，發現了一大一小兩顆水晶珠和被絲綢包裹的鎦金函。

鎦金函裡有個檀香木函，檀香木函裡有個水晶椁子，水晶椁子裡有一個玉棺，而又一枚舍利就在其中。據考證，這是世上現存唯一的佛祖真身指骨舍利。

▎地宮中的絕代傳世珍品

唐代的法門寺地宮在閉宮一千三百多年後，最終被後來的考古工作者找到地宮的入口，並造訪了整個地宮。地宮中除大批金碧輝煌的金銀器外，隨處可見古今一絕的傳世珍品。

■法門寺大雄寶殿

■法門寺青瓷盤為中國古代最主要的瓷器品種，以鐵為著色劑的青釉瓷器的泛稱。青瓷
　以瓷質細膩，線條明快流暢、造型端莊渾樸、色澤純潔而斑斕著稱於世。

　　在地宮入口的第一級台階上，大大小小的開元通寶、乾元重寶和五銖錢堆積厚厚一層，而地宮的第一道石門便在台階下的八塊巨大封門石後。在石門內甬道的盡頭豎有《大唐咸通啟送歧陽真身志文》和《獻物帳》兩通石碑。

　　《大唐咸通啟送歧陽真身志文》碑主要記載古印度阿育王安奉佛指舍利於法門寺，以後為歷朝擁戴及唐代諸帝迎送、供養的歷史盛況。《獻物帳》碑則記載了地宮所有寶物的質地、尺寸、大小和重量以及供奉人姓名的詳細帳單。

　　在這兩通石碑後面的石門前面，是用大理石砌成的長長的地宮前室，這裡依舊是金錢鋪地，上面放置大堆大堆鑲滿金銀珠寶的絲綢織物，滿地凌光閃耀，令人眼花繚亂。

　　在法門寺地宮前室的檀香木箱裡裝有瓷碗、瓷盤和瓷瓶。這些瓷器通體施釉，色澤綠黃。從《地宮寶物帳碑文》中得知，原來它們就是祕色瓷。

　　施釉又稱上釉、掛釉、罩釉。是指在成型的陶瓷坯體表面施以釉漿。其方法有蘸釉、蕩釉、澆釉、刷釉、吹釉、噴釉、輪釉等多種。按坯體的不同形狀、厚薄，採用相應的施釉方法。

　　祕色瓷盤為宮廷御品，史載五代後始有。在法門寺地宮未開啟前，人們只是從記載中知道它是皇家專用之物，由「越窯」特別燒製，從配方、製坯和上釉到燒造整個工藝都祕不外傳，其色彩只能從唐詩描寫中去想像：

　　九秋風露越窯開，

　　奪得千峰翠色來。

　　越窯是中國古代南方青瓷窯，大本營在越州今紹興。窯所在地主要在今浙江省上虞、餘姚等地。生產年代自東漢至宋。唐朝是越窯工藝最精湛時期，居全國之冠。

　　在法門寺地宮中發現，有明確記載的十三件宮廷專用祕色瓷，是世界上發現有碑文記載證實的最早、最精美的宮廷瓷器。

　　地宮就是僧人們圓寂後使用的墓地，是為埋藏「舍利」在塔基下建的地窖。早期的塔舍利放在塔剎，南北朝興起在塔下埋藏舍利。最初只是將放有舍利的寶函直接埋於地下，後來發展為建地宮埋藏寶函。

　　這些祕色瓷是唐懿宗供奉佛祖的珍貴物品，其中的八棱長頸瓶和兩件銀棱碗造型規整，釉色清亮，其製作為唐代青瓷的最高水準，堪為傳世之珍品。

　　八棱長頸瓶陳放於地宮後室第四道門內側的門檻上，「瓶內裝有佛教五彩寶珠二十九顆，口上置一顆大的水晶寶珠覆蓋」。兩件銀棱碗高七公分，口徑三公分多，碗口為五瓣葵花形，斜壁，平底，內土黃色釉，外黑色漆皮，貼金雙鳥和銀白團花五朵，特別精美。

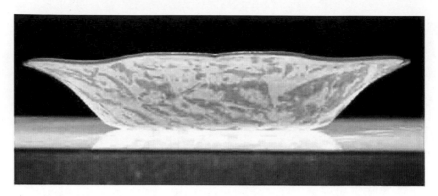

■法門寺祕色瓷盤

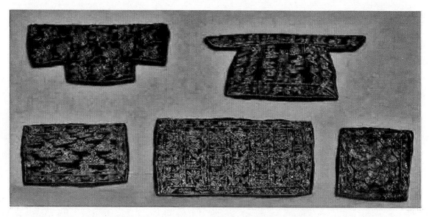

■袈裟為佛教僧眾所穿著的法衣，以其色不正，故有此名。僧眾所穿袈裟還有「袈裟野」、「迦邏沙曳」、「迦沙」或「加沙」等稱呼。

　　在地宮前室中央，到處蓋著、擺著和包著琳瑯滿目、幻彩異色的絲綢服飾，僅地宮內一個腐朽的白藤箱內堆積的絲綢衣物就有二十三公分厚，七百八十多層，估計展開後面積可達四百多平方公尺。

　　這些絲織品包括極其珍貴的金絲袈裟，以及歷代帝王、后妃和公主施捨供奉的大批衣物、鞋帽和被縟等達數百件。其中最引人注目的是武則天賞賜的一件繡裙。還有一件被稱為氍納佛衣，是用鳥羽所織之衣，這是真言宗作加持祈禱法事的真言師所穿之衣。

法事是寺院道場重要行事之一。在所舉辦的法事當中，有的是自我懺悔的方式，如懺摩；有的是經大眾附議透過者，如布薩；有的是對大眾宣說佛法，如升座說法；也有在新春時為國家祈福祝禱，乃至公元山門迎春等活動。

這些絲綢裡出現了印花、貼金、描金、捻金和織金等工藝品類，其工藝精巧纖細，風格華麗凝重，針法千變萬化，多為彩繡，而所繡內容有人物、花卉、鳥獸、昆蟲等。其中，最為神奇的是五件蹙金繡。

蹙金繡的捻金線比頭髮絲還細，每公尺金絲線上繞金箔三千捻回。尤其在用捻金線圈邊時，如畫家用筆，圓韌挺拔，輪廓、線條流暢自然，色澤暈潤由淺到深，如有生命，是出自高手的刺繡作品，堪稱古今一絕。

位於地宮前室中央的阿育王塔塔頂呈寶剎形，塔裡面是多重絲綢包裹著的由塔座、塔身和塔剎三部分構成的方形銅浮屠。

塔剎是指佛塔頂部的裝飾，塔剎位於塔的最高處，是「冠表全塔」和塔上最為顯著的標記。「剎」來源於梵文，意思為「土田」和「國」，佛教的引申義為「佛國」。

銅浮屠的塔座為須彌座，須彌座身有逐層漸收的護欄，每面護欄的正中設弧形踏步。塔身單層、四面各開一方，正面門外左右各列一力士，門兩側為直櫺窗，門額以上做「人」字形斗拱。塔頂為單檐，四角攢尖頂，每面鑄出瓦壟，角檐起翹。塔剎高聳，有六個相輪由下至上依次漸小，相輪以上有寶蓋和圓光，並鑲有寶珠。

在地宮中室有一頂巨大的漢白玉靈帳，靈帳四周雕刻繁複細膩。帳身布滿千姿百態的浮雕造像及各式彩繪花紋。帳身披三領金光耀眼的純金螺紋線與絲線交織的大紅羅地蹙金繡袈裟，在袈裟旁邊放著一雙光彩奪目的用金、銀絲編織的繡鞋。

在一隻朽壞的金銀稜檀香木箱裡，有一尊通體掛滿珍珠瓔珞的鎏金銀捧真身菩薩。整個造像的造型分上、下兩部分，上面為鎏金珍珠裝菩薩，高挽髮髻，上身裸露，神態端莊，身上斜披帛巾，下著羊腸大裙，通體纏繞顆粒飽滿碩大的珍珠瓔珞。下面為細腰鼓形蓮座。

據相關史料記載，唐代法門寺地宮的傳世珍品遠非以上所述，地宮建造時間大約在公元六六○年。當時，開元三大士還未來唐，印度純密尚未傳入中國，地宮自然不可能按唐密曼荼羅儀軌修建。

但自從純密傳入後，特別是唐懿宗和唐僖宗在會昌法難後不久，迅即修復寺塔及地宮，並由大興善寺和青龍寺的大阿闍梨如智慧輪、義真、海雲等主持或參與，就原地宮建築，按曼荼羅儀軌來布置。

地宮不僅是供養佛指舍利的壇場，按唐王朝本願，是想作為永久性的壇城而建設的。所以法門寺的地宮是按照唐朝帝王陵寢的建制「歸安於塔下之石室」。其規格極高，正如地宮中《志文碑》所說：

玉棺金篋，窮天上之莊嚴；蟬翼龍紋，極人間之煥麗。

■法門寺鎏金銀捧真身菩薩

【閱讀連結】

中華人民共和國成立前，朱子橋率部屬到陝西，見法門寺寺院破敗、寶塔傾頹的慘景，不禁愴然。朱子橋將軍首倡，法門寺真身寶塔重修工程籌備開始。

據傳說，修理寶塔時，曾動工打開過地宮石蓋，用吊燈試探地宮內，煙霧繚繞障眼，而且燈火也被窒息。由於情況異常，士兵馬上報告了朱子橋。

朱子橋得到消息後，立即去了現場，責令「原塔封存」以保證文物免於遺失，並告誡知情人，不許外傳地宮情況。朱子橋對佛指舍利及地宮中無數珍品的保護可謂功勳卓著，令人感佩動容。

唐朝後期逐漸走向衰落

種種唐代珍貴文物的出土及考證表明，繁盛時期的大唐帝國對佛教的尊崇，使佛教的得到大規模的發展，法門寺也因此進入了全盛時期。

但是，後來由於唐武宗即位和中唐以來連年的戰亂，寺院幾乎成為世俗化的娛樂場所。

唐武宗崇奉道教，加之宰相李德裕也是個道教徒，加之僧尼隊伍魚龍混雜，各派之間矛盾重重、尖銳對立。

■唐武宗畫像

唐武宗因而極力排斥佛教。他不僅摒棄舊制，而且不再禮迎佛骨，更有甚者還在公元八四六年頒布一系列滅佛詔敕。在這場滅佛的空前浩劫中，數以千計的寺院財產被沒收，寺廟被毀，大批僧人被強迫還俗。唐武宗曾敕令毀碎法門寺供奉的佛指舍利，慶幸的是執行者將真正的佛骨祕藏了起來，使佛指舍利躲過這場法難。

■法門寺

　　繼唐武宗後，登上皇帝寶座的是他的叔父唐宣宗。這位皇帝早年曾四處流落，有時甚至寄宿於法門寺，接受僧侶們的施捨。所以唐宣宗即位後，帶著報恩的心願，重新下詔試圖恢復佛教從前的盛況，持續六年之久的會昌法難宣告終止。

　　由唐而宋，法門寺昔日皇家道場的風光也隨之不再。宋代以後，中國歷史上戰亂頻仍，天災人禍不斷，法門寺寺貌凋敝，寺域縮小，幾度衰朽，又幾度重修，雖然香火不斷，時有高僧大德主持，也難挽其頹勢。

　　九二二年，盤踞鳳翔的原唐節度使岐王李茂貞，當時也稱秦王，曾多次修葺木塔，添置塔心樘柱，以綠琉璃瓦覆蓋塔頂，使木塔更加漂亮，逢夕陽朝霞時，金碧輝煌，雄姿昂然。當時有個叫薛昌序的撰文《秦王重修法門寺塔廟記》說「窮華極麗，盡妙罄能」。

　　李茂貞（公元八五六年至九二四年），本名宋文通，因為功高被受命為武定節度使，李茂貞為唐僖宗所賜姓名。後來，李茂貞便憑藉此殊榮和雄厚的實力割據一方，逐漸成為了五代時期的岐王和後唐時期的秦王。

在宋、金和元朝時期法門寺寶塔統稱「真身寶塔。」宋代的法門寺雖不可與唐時的繁盛同日而語，但仍承襲了唐代皇家寺院之宏闊氣勢。

關中又稱關中平原，地處陝西省中部。西起寶雞大散關，東至潼關，南接秦嶺，北到陝北黃土高原，號稱「八百里秦川」，是中國重要的商品糧產區。

法門寺寺藏文物記載，當時僅「二十四院」之一的浴室院即可日浴千人，其龐大之規模可想而知。北宋皇帝多崇佛佞道，宋徽宗曾手書「皇帝佛國」四字於山門之上。

金、元之際，法門寺仍是關中名剎，「藏經碑」中有寺僧抄寫大藏經五千卷及天王院香雪堂僧人誦經和煮茶的記載。金人也刻詩碑盛讚其寺塔：

三級風檐壓魯地，九盤輪相壯秦川。

■法門寺塔全景

明清以後，法門寺逐漸衰落，已無昔日繁榮景象，但從寺藏明代碑刻可知當時仍有「二十四院」之宏偉建制。

公元一五六九年，陝西鳳翔府連續發生兩次地震，波及法門寺的真身寶塔，歷經數百年歷史的唐代四級木塔崩塌。

公元一五七九年，陝西省扶風縣的佛徒楊禹臣和黨萬良等，募化錢財，倡導修復法門寺塔，歷經三十年時間，終於在公元一六〇九年竣工，原來的四層木塔改建成了八面八棱的十三級磚塔，高四十七公尺，極為壯觀。

磚塔的最上層和最下層均無門洞，其他十一級各開八洞，共八十八個佛龕。

佛龕指掘鑿岩崖為室，安置佛像。後來，以石、木或其他材料做成櫥子形小閣供奉佛像，大都與佛堂建築同期進行。宮庭中佛龕獨立於建築主體之外，可拆遷並與佛像有多種組合，在數量、樣式和藝術特徵上超過傳統的佛龕。

磚塔的每層有出檐和磚雕的斗拱，第一層斗拱下有磚雕花，每邊中間有二龍戲珠、獅子、麒麟、雙鳳朝陽、花葉雲朵的浮雕，紋樣華麗。

在磚塔的下邊還有題額，正南方為「真身寶塔」，東為「浮屠耀日」，西為「舍利飛霞」，北為「美陽重鎮」，其他四面分別題刻「乾」、

■法門寺寶塔

「坎」、「艮」和「巽」，用以表示西北、西南、東北和東南四個方位。

磚塔的第二層下部，周圍欄杆上雕刻的是蓮花朵卷草雲圖案，雕工極為精細。

塔基平面呈圓形，東西直徑約十九公尺，南北直徑約二十公尺，總面積約三百二十平方公尺。磚塔基底部中間淺，四周深。

從形體上看，明代的磚塔與唐代的木塔大異其趣，四維四邊變成八角形，這種八卦方位圖式的塔輪廓線近似渾圓，如筆鋒直指向青天，顯得粗獷壯碩、高標突兀，顯示出君臨大地、傲視蒼穹的恢宏氣勢。

以乾、坤、艮和巽表西北、西南、東北和東南四個方位，顯然是異域文化與傳統文化相融的象徵，其浮雕既有龍、鳳和麒麟騰躍華夏文化的吉祥瑞氣，又有蓮花、草雲和獅子等閃耀著印度文化的聖潔佛光。

「乾」字最早使用於《易經》，其本義在卦象卦名裡，是指健進的意思。「乾」，本身又是八卦之一，代表天，舊時也指代男性，常和「坤」字組成「乾坤」，象徵天地、陰陽等。

在清代時期，清王朝幾次對法門寺進行修葺，但規模不大，法門寺在當時陸續建起了大雄殿、木佛殿、西佛殿、銅佛殿、浴佛殿和九子母殿。

■麒麟亦作「騏麟」，是中國古籍中所記載的一種動物，是神的坐騎。古人把麒麟當作仁獸、瑞獸。雄性稱麒，雌性稱麟。後來，常用來比喻傑出的人。

在法門寺的歷史上，曾先後有高僧，如唐代的惠恭大師和金代法爽和尚在法門寺自焚圓寂，為弘揚佛法獻出了畢生精力。據有關史料記載：唐代的惠恭大師在佛門修行到了最高境界後，他就會自然地積火自焚，煉出舍利。

金代的法爽和尚，在金大定二十一年，瞻禮法門寺的真身寶塔，詣塔前身掛千燈以為供養。爾後，他就寄錫在長安，後來又到法門寺修境院披閱藏教。

法門寺淨土院僧主因敬重法爽和尚的名德，就邀請法爽和尚做法門寺的住持，即為淨土院僧。

法爽和尚經常誦《法華藥師品》，願行其法供養。於寺東南四十五里擇地築壇場，建寶塔十九座，擬於公元一二〇六年焚身供養。由於鳳翔府帥的阻止，未能實現。公元一二〇八年，法爽和尚自積柴火，在熊熊烈火中自焚，以身獻佛。

【閱讀連結】

公元一九八七年四月三日，封閉一千多年的法門寺地宮重新面世，出土了佛指舍利和唐朝八位皇帝供奉的兩千多件皇室絕世珍寶。法門寺文物的考古發現誘發了人們瞭解法門寺佛教的熱望。由於法門寺的文物基礎特別雄厚，其佛教文化資源的開發也就有了特別重要的意義。

法門寺佛教文化資源的開發充分發掘和利用了與法門寺相關的歷史文化內涵。如透過對八重寶函、五重寶函和捧真身菩薩的文飾解讀，使得唐朝密曼荼羅文化博大精深的內涵再現，進而引起了日本、韓國和台灣、香港以及澳門佛教密宗一脈相承關係的新思考。

京城第一剎　法源寺

　　法源寺位於北京市宣武區法源寺前街的教子胡同，建於公元六四五年，是北京市最古老的名剎，唐朝時期寺名為「憫忠寺」，在清朝雍正時期重修後改名「法源寺」。

　　法源寺坐北朝南，形制嚴整宏偉，六院七進。主要建築有：天王殿、大雄寶殿、觀音殿、淨業堂、大悲壇和藏經樓。

　　法源寺寺內花木繁多，初以海棠聞名，後以丁香著稱，全寺丁香樹千百成林，花開時節，香飄數里，為京城絕景。

▋唐朝為紀念東征將士而建造

■唐太宗畫像

法源寺從初創算起，已有一千三百多年歷史。據元朝官修全國性地理總志《元一統志》記載，法源寺始建於唐朝，初名「憫忠寺」。

《元一統志》原名《大元大一統志》，元代官修全國性地理總志。該書對全國路府州縣建置沿革及山川、土產、風俗、里至、宦跡和人物，皆有詳述，對後來修撰地理志《一統志》影響巨大。

據傳說，唐太宗李世民在位期間，高麗民族的勢力日益壯大，不僅在朝鮮半島稱霸，勢力還延伸到中國東北的遼水流域，這是李世民絕不能容忍的。

對此，李世民耿耿於懷。但是李世民考慮到隋朝因三十年前攻打高麗，弄得國內空虛，民不聊生，並導致後來隋朝的滅亡。因此李世民更加謹慎，一再強忍著。

到了公元六四四年，李世民再也不想忍下去了，終於下定決心親征高麗，並計劃一次性出兵二十萬，以最快的速度擊敗高麗。

在當時，李世民讓一個三十年前曾出征過高麗的老將軍談談意見。老將軍說：「遼東太遠了，部隊的補給會很困難，而高麗人不但很會守城，又是在家門口，速戰速決恐怕很難。」

李世民沒有採納老將軍的意見，而唯一能勸阻他的大臣魏徵丞相偏偏又在不久前去世了，朝廷裡再也沒有哪個文臣武將能勸得住李世民。

公元六四五年三月，眼見李世民就要發兵了，留守後方的兒子李治居然緊張得哭了好幾天。在出征那天，就在李治為父皇送行時，李世民信心百倍地指著身穿的黃袍對李治說：「等到凱旋，我再換這件袍子。」

五月，唐朝的大軍攻下遼寧省的遼陽城。六月，唐朝軍隊已進軍到遼寧省蓋平縣東北。見唐軍來勢兇猛，高麗趕緊動員十五

■唐高宗李治

萬人，雙方再次展開惡鬥。高麗軍最後還是打不過唐軍，就決定堅壁清野，將幾百里內斷絕人煙，使唐朝軍隊無法就地找到補給。

就這樣，戰爭拖了下去。夏天很快到了，李世民的黃袍也破了。宦官請他換身新黃袍，可李世民非要穿著原來的黃袍，不肯脫下來。

■法源寺憫忠閣

李世民說，將士們的戰袍也都破了，我一個人怎麼能穿新的呢？七月過去，八月也快過完了，李世民依然看不到絲毫能夠獲勝的希望。

隨著戰事時間的推延，部隊的物資供應開始嚴重不足，加之東北的天氣越來越冷，將士的傷亡特別慘重。李世民開始著急了。

最後，他只好下令撤軍，從九月份開始撤退，直到十一月份，李世民御駕親征的部隊才終於抵達幽州，也就是後來的北京。但是，當時歸來的人馬連出征時的五分之一都不足。

幽州為遠古時代九州之一。幽州之名，最早見於《尚書·舜典》：「燕曰幽州。」兩漢、魏、晉、唐代都曾設置過幽州，所治均在今北京一帶。又稱燕州，中國歷史古地名，上古稱為「薊」，薊國的國都。指今北京中部和北部，也有指天津薊縣。

無功而返的李世民痛苦萬分，他雖然換掉了舊袍子，可是卻換不掉他遠征高麗的創痕。此時，他特別思念魏徵。他想，魏徵要是還活著就一定會勸他別打這場仗，於是派人到魏徵墳上新立了一座碑。

　　李世民還把魏徵的太太和兒子找來，特別慰問他們，表示他對魏徵的懷念。李世民內心總是覺得自己有愧於那些戰死沙場的將士們。

　　公元六四五年，為了追念這次出征高麗而死難的將士們，也為了平衡自己錯誤決定而造成慘痛損失的悲痛心情，李世民下令在北京建造一座寺廟。他考慮到將士們的死亡，是為國盡忠而死，他們是令人心愉的，但他們的身世卻是可憐的。因此，李世民最後決定，這座廟就叫「憫忠寺」。

　　憫忠寺是中國的早期忠烈祠。忠烈祠是宋仁宗皇帝為紀念救自己而喪命的宮女寇珠所建的祠堂。中國歷代對忠臣烈士有設祠奉祀，或曰忠烈廟、忠烈祠、昭忠祠、褒忠祠等，祠名為皇帝封賜。

　　在李世民看來，只有憫忠寺這個名字才能最好表達這座寺廟應該表達出來的意思。只可惜，寺廟還沒有建成，李世民就去世了。後來，經唐高宗李治、武周皇帝武則天多次降詔後，在公元六九六年才完成建寺工程，武則天賜寺名為「憫忠寺」。

　　歷經五十一年建成的憫忠寺最初本是以祠堂形式存在的，但自武周至唐玄宗時期，由於受到唐王朝大興佛事的影響，逐漸發展成了規模宏大的佛寺。

　　武周為武則天建立的王朝。公元六九〇年，武則天廢黜唐睿宗李旦稱帝，襲用周朝國號，改國號為周，定都神都洛陽，改元天授，史稱武周。武則天是中國歷史上唯一獲普遍承認的女皇帝，前後掌權四十多年。武周仍然襲用唐制，武則天是武周朝唯一的皇帝。

　　據碑刻論著《法源寺貞石錄》和清代金石學著作《金石萃編》記載，自公元六五一年至七二六年間，法源寺已先後存有《毛藏妹等造像並記》、《雲麾將軍碑》和《憫忠寺經幢》等碑刻。

金石學指中國古代傳統文化中的一類考古學，其主要研究對象為前朝的銅器和碑石，特別是其上的文字銘刻及拓片；廣義上還包括竹簡、甲骨、玉器、磚瓦、封泥、兵符和明器等一般文物。

《毛藏妹等造像並記》碑刻於公元六五一年，碑石長八十五公分，寬五十二公分。記刻於背，四行，行十字，正書。原石已殘。

《雲麾將軍碑》也叫李思訓碑，公元七二〇年六月立於法源寺，由唐代書法家李邕撰文並用行楷書寫，共計三十行，每行七十字。碑額題篆書「唐故右武衛大將軍李府君碑」共四行十二字。為唐睿宗李旦的「橋陵」陪葬墓群中神道碑之一。

李邕（公元六七八年至七四七年），即李北海，唐代著名書法家。能詩善文，工書法，尤擅楷書，書法以碑版為多，其中《李思訓碑》和《麓山寺碑》為傳世碑帖。他少年成名，後召為左拾遺，曾任戶部員外郎、括州刺史、北海太守等職，人稱「李北海」。

《雲麾將軍碑》銘文內容主要記述唐代書畫家李思訓的生平事跡。清代金石學著作《金石萃編》載：碑高一丈一尺三寸六分，寬四尺八寸五分。碑石下半段文字殘缺已甚，上半部字跡較清晰。現存陝西蒲城橋陵，下截多漫漶，上截亦石花滿布，幾不能讀。

《雲麾將軍碑》書法勁健，凜然有勢。用筆清勁，自然，瘦

■唐玄宗（公元六八五年至七六二年），亦稱唐明皇，本名李隆基。唐玄宗做皇帝后，任用姚崇和宋璟等賢相，勵精圖治，他的開元盛世是唐朝的極盛之世，但後來長達八年的安史之亂，為唐朝後期的衰敗埋下了伏筆。

勁異常，凜然有勢，結字取勢縱長，奇宕流暢，其頓挫起伏奕奕動人，顧盼有神，猶是盛唐風範。《雲麾將軍碑》碑規模極大，遒勁而妍麗，為李邕精心之作，也為歷代書家所稱道。

《憫忠寺經幢》碑刻於公元七二六年，據碑刻論著《法源寺貞石錄》記載：

> 石久佚，亦未見拓本，碑身高廣及行款均不得計。寺現存唐石幢座一件，疑是此幢底座。

後來，據考古學家們的考證，在中間有兩塊漢白玉柱石，卷葉蓮花瓣形狀，它們的花紋與憫忠寺公元七二六年製作的佚失了石幢卻保存了幢座的花紋是極相近的，而且它們的石質也不是北京附近所產的白石。據考證它們是唐初建寺的原物，也是法源寺最早的歷史見證。

公元七五五年，身兼范陽、平盧、河東三節度使的安祿山趁唐朝內部空虛腐敗之時，聯合契丹和同羅少數民族的統領史思明，以憂國之危和奉密詔討伐楊國忠為藉口在范陽起兵，發動了中國歷史上長達八年的「安史之亂」。

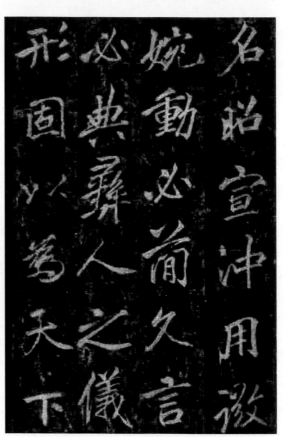

■法源寺憫忠閣雲麾將軍碑唐代書法家李邕撰文並書寫

史思明（公元七〇三年至七六一年），原姓阿史那，名崒干，因戰功唐玄宗特賜名思明，寧夷州突厥人，懂六蕃語。公元七五九年拔魏州，稱大聖燕王，年號應天。後來殺了安慶緒，稱帝，更國號大燕，建元順天。

節度使為古代官名。唐初開始設立，後改稱都督。唐代因受職之時，朝廷賜以旌節，故稱節度使。節度一詞出現甚早，意為節制調度。唐代節度使淵源於魏晉以來的持節都督。北周及隋改稱總管。唐代稱都督。

安祿山進入北京後自封大燕皇帝，在憫忠寺東建一座木製佛塔，並將寺名改為「開元寺」。那時，為巴結討好安祿山，史思明特意在「憫忠寺」修建了一座「無垢淨光寶塔」，並請參軍張不矜撰，著名的書法家碑刻大師蘇靈芝刻了為安祿山歌功頌德的碑文《無垢淨光寶塔頌》。

據碑刻論著《法源寺貞石錄》記載：「無垢淨光寶塔」於公元七五七年建在法源寺的西南角，塔身為磚結構，高三公尺左右。《無垢淨光寶塔頌》碑就嵌在塔壁上，碑高一百公分，寬七十三公分。

《無垢淨光寶塔頌》碑碑文全文為「御史大夫史思明奉為大唐光天大聖文武孝感皇帝敬無垢淨光寶塔頌」。此碑的奇特之處在於，它是中國古代唯一一個從左至右書寫碑文的特殊例子。

■法源寺觀音殿

後來，安祿山被他的兒子安慶緒所殺。安慶緒稱帝後，對史思明收容安祿山潰散的殘部極其不滿，打算找機會除掉史思明。但史思明重新歸降唐朝，而且對《無垢淨光寶塔頌》的碑文內容作了改刻。

安慶緒為安祿山的次子。他是安史之亂的禍首元兇之一。初名仁執，善騎射，唐玄宗賜名慶緒。安祿山發動叛亂稱帝時，封晉王。公元七五七年，安慶緒殺安祿山，自立為大燕皇帝。公元七五九年，為部將史思明所殺。

公元七五九年，史思明再度反唐，殺死安慶緒後自立為「大聖周王」，並效仿安祿山在憫忠寺東南建了一座木製佛塔，將憫忠寺更名為「順天寺」。直到後來史思明被殺，「安史之亂」最終被唐王朝平息，順天寺又才改名為憫忠寺。

由於憫忠寺是唐太宗親自下令修建，唐武宗李炎下令在全國開展興道滅佛的運動期間，按佛寺所在地域分為三等。幽州居上等，「寺留一所，僧限十人」，幽州地面上所留之寺就是當時的憫忠寺。

憫忠寺當時的情形，在《憫忠寺重藏舍利記》石碑中曾有詳細的記錄。但這塊碑石後來佚失了。據明末著名史學家顧炎武撰《金石文字記》記載：重藏舍利記，采師倫正書，會昌六年九月。今在京師憫忠寺。此初復佛寺之文。

在公元八八二年，一場大火燒燬了「憫忠寺」內的所有建築。安祿山與史思明先後建造的兩座木製佛塔也毀於這場火災之中。

後來，幽州節度使李可舉看到憫忠寺被燒燬心裡特別難受，便捐出自己的俸祿重新修建了「憫忠寺」。

之後，在唐末景福年間，幽州盧龍軍節度使李匡威又對憫忠寺進行修繕，並增建一座面闊七間，高三層的「憫忠閣」。「憫忠閣」又名「唸佛台」，也稱「觀音殿」。憫忠閣建成後，先前許許多多的將士牌位及一些碑刻就都移到了憫忠閣內珍藏。

憫忠台的台基高一公尺多，台的周圍設有磚欄，殿宇建於台上，結構非常別緻，外牆以十二柱為架，室內以十柱支承。憫忠閣特別雄偉壯觀，有「憫忠高閣，去天一握」的贊語。在當時，憫忠閣成了幽州城裡的標誌性建築。

【閱讀連結】

公元一六六〇年末，順治皇帝感到身體特別不適，於是下令免去一年一度的新年大朝慶賀禮，本來應該順治親自去太廟舉行的除夕祭禮，也只好遣官代替。

正月初二，順治強支著病體，把他寵愛的太監吳良輔送到憫忠寺落髮為僧；初三日他又兩次派太監到萬善殿，傳旨國師玉林秀為自己唸經禱告。初四日朝中正式向大臣宣布皇帝患病。

當時，宮廷中撤去了因為過節才掛上的全部門神和對聯，並向全國傳諭：「毋炒豆，毋點燈，毋潑水」，同時又下令釋放除了十惡死罪外所有的在牢囚犯，以祝願皇帝康復。但初七半夜，年僅二十四歲的天子順治皇帝還是與世長辭了。

在王朝更替中悲憫前行

■ 憫忠寺舊址

憫忠寺從唐太宗建起，在見證大唐王朝的興衰歷程中屢興屢廢。相傳憫忠寺在遼宋時期的面積，前到後來的宣武區南橫街，後至菜市口大街，東邊到爛漫胡同，西邊到教子胡同。

在遼代時期，幽州成了遼朝和宋朝爭奪的戰場，憫忠寺多次被毀。

直到遼宋劃分邊界，遼朝接手幽州城後，憫忠寺才得以重建。後來，憫忠寺又遭大火和大地震，損壞慘重，自唐代珍藏至當時的《無垢淨光寶塔》碑也在大地震中倒塌。

在公元一○七○年，遼朝下令重修憫忠寺，歷時十四年大規模的重建，到公元一○八四年，後來法源寺的規模和格局才基本確立了下來。

那時，遼朝將幽州升級為「南京」，也叫「燕京」，並在這裡建了新城，而憫忠寺則位於新城的東方。

憫忠寺當時備受遼朝皇家的重視，遼朝將它改名為「大憫忠寺」，並欽定「憫忠寺」為皇帝舉辦法事的場所。

■北京法源寺石碑

遼帝多次在憫忠寺內齋僧、建道場，北宋使者到南京，也往往住在憫忠寺，這裡成了皇家重要的行館。

這樣一來，憫忠寺隨著地位的提升，規模也更為宏大。當時寺內珍藏有遼朝從北宋掠奪來的木雕羅漢，這些羅漢身著交領袈裟，雙眉緊鎖，縱目遠眺，雙唇微抿，又像正努力捕捉某種縹緲的哲理。人物刻畫逼真細緻，栩栩如生。

除此外，遼代時期的憫忠寺還珍藏許多著名的經幢碑刻。如刻於公元九五七年的《承進等為薦福禪

師造陀羅尼經幢》，高一百一十五公分，寬十五公分。八面刻，面四行，行二十九字至三十一字不等。由唐代進士劉贊撰文和唐代書法家王進思楷書並刻字。

《承進等為薦福禪師造陀羅尼經幢》原在藏經樓前站台上。類似的經幢當時共有三座，中間的一座低，左右兩邊的經幢稍高，而此碑在西邊處，後來它被移置到憫忠台內。碑文內容為：遼憫忠寺故師姑臨壇大德薦福大師敬造尊勝陀羅尼幢記。

《佛頂心觀世音陀羅尼殘經幢》刻於公元一〇四三年，經幢高七十二公分，寬二十至十二公分不等。八面刻，第二、四、六、八面二行，其餘四行，每行十五字。

《佛頂心觀世音陀羅尼殘經幢》最早放置於憫忠寺的方丈前院，後來被移置到了憫忠台內。此碑上半截佚失，而下半截則留下許多被人鑿過的痕跡，還有少許的裂紋，或許經幢的石質較為堅固，所以後來一直沒有斷掉。

《燕京大憫忠寺觀音菩薩地宮舍利記》刻於公元一〇九四年，高六十公分，寬五十九公分，十六行，行十七字，由沙門善制撰，門人義中正

書，原來嵌在憫忠台東壁，後來移置到憫忠台內。碑文的內容為：「獲舍利餘一萬粒，封以金匱，儲以石函」和「上願中國家」長隆與威神。

■北京法源寺石碑

燕京據史書記載，公元前十一世紀，周武王克商以後，封帝堯之後於薊，封召公於燕。秦滅燕之後，設置薊縣，故址在今北京城。戰國七雄中

有燕國，是因臨近燕山而得國名，其國都稱為「燕都」。以後在一些古籍中多因燕都古時為燕國都城而得名。

《大遼燕京大憫忠寺紫褐師德大眾等》石函題名刻於公元一〇九九年，高六十公分、寬九公分。四面刻，共七四行，行二十至三十一字不等。嚴甫正書，王唯約刻。此碑原來在憫忠台殿前，後來移置到憫忠台內，碑文內容為「大遼燕京大憫忠寺紫褐師德大眾等」。

《李公女陀羅尼幢》又名《李公女佛頂尊勝陀羅尼經幢》，刻於遼金時期，高九十八公分，寬十四至二十一公分不等。八面刻。先經後記。正書。最早放置在憫忠寺戒壇前，後來放置在憫忠台內。

公元一一二五年，金滅遼後，金又再次擴大北京城的規模，在遼原建的舊城外面，又建了一個要大出舊城四倍的新城，這時候的憫忠寺在金王朝的北京城裡處於偏東南方向位置。

後來，儘管以宋欽宗為首的北宋王朝喪心病狂地搜刮民財奉迎金，金仍然揚言要縱兵入城，並要求宋欽宗再次到金營商談。

吏部侍郎據漢尚書有常侍曹，主管丞相御史公卿之事。東漢改為吏曹，魏、晉以後稱吏部，置尚書等官，清末廢除，使其與內閣合併。

此時，北宋的吏部侍郎李若水等人也慫恿欽宗前往，宋欽宗不得不前赴金營。

宋欽宗到達金營後，金太祖的兒子根本不與他見面，還把宋欽宗安置到軍營齋宮西廂房的三間小屋內。轉瞬之間，宋欽宗從貴不可及的皇帝淪落為了金人的階下囚。

滅宋本是金人的既定方針，所以在公元一一二七年，金王朝廢宋欽宗為庶人。宋徽宗等人被迫前往金營談和。豈料，宋徽宗一到，金王朝立即逼迫徽、欽二帝脫去身上龍袍。從此，北宋滅亡。

金軍在擄掠了大量金銀財寶後分兩路撤退。這一次，金朝俘虜了宋朝徽、欽兩個皇帝以及后妃三千餘人，宗室成員四千餘人，民間美女三千餘人，貴戚五千餘人，各色工匠三千餘人，教坊三千餘人，共約二萬餘人，分批押回燕京，這就是歷史上著名的「靖康之恥」。

此後，宋徽宗被關在北京西北郊的大延壽寺，不久病死。宋欽宗及其他皇室成員則被關在憫忠寺。在憫忠寺，宋欽宗熬著痛苦淒涼的歲月。公元一一五六年，備受凌辱達數年的宋欽宗病死在憫忠寺。

公元一一七三年，金特意在憫忠寺做了一次女真進士的考場。在這裡，曾有《禮部令史題名記》兩碑刻於公元一一七八年，均由金代書法家党懷英撰寫並正書，碑文內容為「禮部令史題名記」。這兩通碑石，一通原嵌在憫忠台東壁，後來移到憫忠台內，另一通佚失了。

■宋欽宗（公元一一〇〇年至一一五六年），本名趙桓，在位一年多，他做事優柔寡斷，反覆無常，對政治問題缺乏正確的判斷。靖康之變時被金人俘虜北去，於公元一一五六年病死於燕京。

女真是今滿族、赫哲族和鄂倫春族等的前身。十七世紀初建州女真部統一了女真諸部，至後來改女真族號為滿洲，女真一詞就此停止使用。後來滿洲人又融合蒙古族、漢族和朝鮮族等民族，逐漸形成今天的滿族。

公元一二一五年，蒙古軍隊攻占北京，憫忠寺再次毀於戰火。到了元朝時期，憫忠寺的大雄寶殿兩旁分別安放九尊青銅鑄造的佛像，佛像手中分別持有寶物、如意、經卷、龍杖、蓮花等物，身下坐騎有吼、獨角獸、大象和獅子等各種吉祥獸。與眾不同的是這九尊佛像都有鬍鬚，這在漢傳佛教造像中是非常少見的。

後來，元朝又重新修建北京城，當時的憫忠寺被拋在城外的西南角，但它作為囚禁漢族政治犯的傳統卻傳承了下來。

公元一二八九年，南宋遺臣、詩人謝枋得抗元失敗被元軍所俘，後來就關押在憫忠寺。

據史載，謝枋得與南宋民族英雄文天祥是同科進士。由於謝枋得在殿試中攻擊了當朝丞相，他在被貶為二甲後憤然拋棄功名。

■文天祥（公元一二三六年至一二八三年），南宋抗元英雄。文天祥以忠烈名傳後世，受俘期間，元世祖以高官厚祿勸降，文天祥寧死不屈，從容赴義，其生平事跡被後世稱許。

公元一二五八年，蒙古大軍進攻南宋時，謝枋得被召任命為禮兵部架閣，負責招兵抗元。

蒙軍退兵後，由於權臣專權，謝枋得被貶官流放。直到公元一二六七年，他才終於回到家鄉。

公元一二七一年，蒙古軍隊再入中原。謝枋得由於孤軍奮戰而失敗，便隱姓埋名，棄家逃亡至福建，在江湖上算命。後來，他因不願意用元朝官府發放的救濟款，而藏匿到福建的武夷山中。

中原為中華民族、中華文明、中原文化的發源地,萬里母親河黃河兩岸,千里太行山脈、千里伏牛山脈東麓,在古代被華夏民族視為天下中心。廣義的中原是以中原洛陽、開封、商丘、安陽、鄭州、南陽、許昌等七大古都群為中心,輻射黃河中下游的廣大平原地區。狹義的中原即指天地之中、中州河南。

在武夷山期間,他常常面向東方痛哭,以悼故國。那時,他的妻子、次女和兩個婢女都寧死不屈而自盡,他的兩個兄弟和三個侄子也被元軍迫害致死。

元朝統一全國後,為了籠絡漢人,元朝派人到江南訪求宋朝的遺士,希望他們能為元朝所用。尋訪名單開出來的有三十人,謝枋得就是其中之一。

據傳說,元朝官員曾先後五次勸請他去做官,都被他拒絕。謝枋得還寫下《卻聘書》:

人莫不有一死,或重於泰山,或輕於鴻毛,若逼我降元,我必慷慨赴死,絕不失志。

公元一二八八年冬天,大雪紛飛,福建行省參政奉元帝之命,強迫謝枋得北上大都。但謝枋得從出發北上那天起,就開始絕食。

後來,為了能活著到大都,見見被元軍俘虜的謝太后和宋恭帝,謝枋得才開始每天吃上少量的蔬菜水果維持生命。當時,謝枋得雖然形容枯瘦,但仍精神抖擻,慷慨賦詩贈別親友。

宋恭帝(公元一二七一年至一三二三年),本名趙,在即位前曾被封為嘉國公、左衛上將軍等,後被

■謝枋得畫像

元朝所俘，封為瀛國公。最後去西藏成了高僧，為佛教界做出許多貢獻，翻譯了不少佛教經文

謝枋得一到大都，就問明太皇太后謝氏墳墓和宋恭帝所在的方向，慟哭再拜。於是元朝下令把謝枋得拘押到憫忠寺。正巧，謝枋得當時住的那間屋裡，牆上鑲嵌了一通紀念曹娥的碑。

當謝枋得看見牆壁上的那通《孝女曹娥碑》，想到為尋找父親的屍體，十四歲就自殺了的漢朝女孩曹娥時，謝枋得老淚縱橫：。

小女子猶爾，吾豈不若汝哉！

至此，謝枋得堅定了以死抗爭之心，並進行絕食抗議。元朝派醫生送米飯和藥湯請他喝，他一面怒罵，一面將藥罐拂在地上。

謝枋得最終在憫忠寺絕食五天後，為國盡節，至死未降為元臣。

謝枋得在遺書中自稱：

大元制世，民物一新，宋室孤臣，只欠一死。某所以不死者，以九十三

■憫忠寺《孝女曹娥碑》

歲之母在堂耳，先妣以今年二月，考終於正寢，某自今無意人間事矣！

後來，世人因欽敬謝枋得為國盡節的高尚情操，專門在憫忠寺旁邊的西磚胡同為謝枋得建立「謝疊山祠」祠堂，以便後世人永遠紀念他。

■謝太后畫像

【閱讀連結】

公元一一二六年，作為人質的北宋肅王和大臣沈元用被金朝軟禁在「憫忠寺」。有一天，肅王和沈元用在寺中散步時，看到寺內有一通唐代石碑，碑上刻了兩千餘字，而且對仗非常工整。沈元用自恃聰明，想在肅王面前顯示一下過目不忘的本領，便將碑文用心記下。而此時的肅王因身處他鄉，毫無心情瀏覽，只是泛泛地看了看碑文。

回到寓所後，沈元用立即把所記碑文全都默寫了下來。但讓沈元用出乎意料的是，當他將默寫好的碑文呈給肅王時，肅王不但信手又補上十四個字，還將沈元用所書錯誤之處一一改正。沈元用看得目瞪口呆，暗自去看了一遍，肅王所改果真精準無誤。從此，沈元用對肅王佩服得五體投地。

▌明朝憫忠寺易名為崇福寺

　　明朝建立後，明重建後的北京城變成了一個方形的新城。那時候的憫忠寺，還在北京城外的西南角，但離北京城的距離相比元代時近了不少。

　　由於元末明初歷年戰火，憫忠寺被破壞殆盡，幾度淪為民舍。

■道宣（公元五九六年至六六七年），本名釋道宣，唐代律僧，中國戒律思想史上重要
　思想家。又稱南山律師、南山大師，世稱律祖。他研究戒律，盛名遠播西域。

　　在當時，僧侶出身的明朝開國皇帝朱元璋考慮到農民利用宗教起義的歷史事實，就施行律宗制度，對當時的佛教進行了嚴格整頓。

　　律宗制度充分保障了佛教在明朝治下安定環境中的正常發展。

　　律宗制度其實是唐朝時佛教內部為實行統一的戒律以加強組織，而由唐朝律僧道宣創立的一個以「心識戒體論」為主體的宗派。

所謂「戒體」，指弟子從師受戒時，授受的做法，在心理上構成一種防非止惡習的功能。

律宗把戒分為止持、作持兩門：「止持」是「諸惡莫做」，規定比丘持兩百五十戒，比丘尼持三百四十八戒；「作持」是「眾善奉行」，包括受戒、說戒和衣食坐臥的種種規定。

明朝時期，憫忠寺曾經歷四次修繕，其中第一次大規模的維修與擴建奠定了當代法源寺的基礎。

■明成祖朱棣畫像

據傳說，明成祖朱棣在位期間曾特別欣賞憫忠寺，甚至在皇宮裡建御花園時還模仿了憫忠寺的建築式樣。

到了明英宗，太監受到皇帝重用，勢力很大。當時的司禮監太監在替皇帝送佛經到憫忠寺時，聽住持講述了寺廟悠久的歷史以及無力重修的難處之後，遂發動許多巨閹牽線出資重建了寺院。

明英宗（公元一四二七年至一四六四年），本名朱祁鎮，他即位後社會經濟有所發展。但他過分寵信太監，導致明代宦官專權之端。後來，他在土木堡戰敗被俘獲釋後，被軟禁於南宮，後因大將石亨等擁戴而復位。

這次憫忠寺重建後，司禮監太監又以「仰祝皇圖鞏固，聖壽萬年」為由，請皇帝御筆賜名為「崇福寺」。這樣一來，憫忠寺實際上變成了司禮太監們的私產。

太監也稱宦官，通常是指中國古代被閹割後失去性能力而成為不男不女的中性人。他們是專供皇帝、君主及其家族役使的官員。又稱寺人、閹人、閹官、宦者、中官、內官、內臣、內侍、內監等。

據碑刻論著《法源寺貞石錄》記載：《重建崇福禪寺碑記》刻於公元一四四二年，而《敕諭、敕賜崇福禪寺碑》則刻建於公元一四四五年，後來在「崇福寺」設置的日晷則刻建於公元一五〇四年。

■法源寺寺門

在公元一五七五年，一尊由「崇福寺」住持所造，並署款刻有「萬曆三年」和「憫忠寺」字樣的鑄鐵寶鼎在崇福寺誕生。公元一六〇六年，崇福寺刻建了《重修崇福寺碑》。公元一六四一年，崇福寺又刻建《敕賜崇福寺碑記》放置於大雄寶殿前。

那時候的崇福寺面積小，但布局卻很嚴謹，是典型的中軸線對稱格局，坐北朝南。從山門到藏經樓長達兩百三十公尺，正中院五十公尺寬，再加上兩邊禪院大約五十公尺寬，都是明朝重建後的規模，而且當時各個殿堂都珍藏了許多寶貴的文物。

天王殿內正中供奉的彌勒菩薩像和兩側的護法韋馱像與四大天王像，均為明代鑄造的銅像，珍貴異常。據印度傳說，彌勒菩薩原是佛教未來佛，他要在去世八百萬年以後，才能再降生於世來成佛。但中國傳說，五代時期在浙江奉化有一位布袋和尚，臨終時說了一首偈語：

彌勒真彌勒，

分身千百億，

時時示世人，

世人自不知。

後來，人們認為彌勒菩薩就是布袋和尚的化身，因而在中國漢傳佛教寺院天王殿裡，人們經常看到一個大肚且笑口常開的彌勒形象。

這個形象告訴我們：

大肚能容容天下難容之事，

開口便笑笑世間可笑之人。

■法源寺天王殿

在崇福寺天王殿中的布袋和尚銅像，造型袒胸露懷，表情歡天喜地，是明代銅造像中的經典之作。

在彌勒佛背後的坐像是勇猛威嚴的護法神韋馱，為明代青銅所鑄，高一點七公尺。韋馱身穿盔甲，手持寶杵。據傳說，韋馱菩薩原只是南方增長天王的八大神將之一。後來成為漢傳佛教寺院的護法神。護法又稱護法神，是

佛教的護法者，擁護佛陀的正法。護法神由四大聲聞和十六阿羅漢等來擔當，他們不僅充當守護佛教的職責，還要負責保護眾生，具有息災、增益、敬愛和降伏四種濟世功德。

　　一般來說，韋馱菩薩像都是站立像，但相傳南方有一寺院因為韋馱菩薩顯靈，為寺院化緣解救僧人吃飯的困難，方丈為了感激韋馱菩薩，便請其坐下休息，所以後來有的寺院就塑了坐像。

　　天王殿兩側是明代青銅所鑄的四大天王像，十分珍貴，皆高一點二公尺。據傳說，四大天王為佛教人物帝釋天的天將。四大天王居住在須彌山半山腰，在佛教的宇宙觀中以須彌山為中心，周圍有四大洲，地球處於南贍部洲。須彌半山腰為四大天王，須彌山頂為帝釋天，再上為兜率天，再上為四禪天。

　　四禪天指修習四禪定而得生色界天之處所，或成為色界天中的天人。在現世中修初禪者，其果報可得生初禪天。

　　佛經上說，佛教主釋尊下生時，他就在釋尊的左前方，手執寶蓋，為釋尊引路。後來，釋尊成為佛教主後，他也就成了釋尊的守護神，稱為帝釋天。

■韋馱又名韋馱天，本是婆羅門的天神，後來被佛教吸收為護法諸天之一。在中國寺院中通常將他安置在天王大殿彌勒菩薩之後，也就是面對著釋迦牟尼佛像。

　　在四大天王中，東方名持國天王，手持琵琶，表示國泰民安；南方名增長天王，手持寶劍，表示善根增長；西方名廣目天王，手纏一龍，表示降妖除怪；北方名多聞天王，手持傘蓋，表示風調雨順。

天王殿後面的大雄寶殿正中供奉著「華嚴三聖」，即毗盧遮那佛像、文殊像和普賢菩薩像，均為明代木質造像，貼金罩漆製作而成。大雄寶殿正中的毗盧遮那佛端坐在須彌座上，像高二公尺，後有光環，通高約四公尺。

在毗盧遮那佛左右兩側，分別站立文殊和普賢兩個菩薩，像高兩公尺。這三尊塑像，妙像莊嚴，雕製精美，在明代塑像中堪稱上乘，在北京寺廟中少見。

須彌山又譯為彌樓山。是古印度神話中位於世界中心的山，位於一小千世界的中央。佛經中，一千個一世界稱為一小千世界，一千個小千世界稱為一中千世界，一千個中千世界為一大千世界，總稱為三千大千世界。

另外大雄寶殿有：西方三聖，中間是阿彌陀佛，左邊是觀音菩薩，右邊是大勢至菩薩；東方三聖，中間是藥師佛，左邊是日光菩薩，右邊是月光菩薩。

在大雄寶殿大殿門東側有一口明朝嘉靖年間青銅所鑄的「報鐘」。因其鐘有早晚集合大眾上殿誦經和報時的作用，所以人們稱該鐘為「報鐘」。

淨業堂又叫「毗盧殿」。「毗盧遮那」是梵語，全名「清淨法身毗盧遮那佛」，譯為「遍一切處」的意思。「毗盧殿」就是因殿內供奉一尊明代通體銅鑄的巨製毗盧遮那佛像而得名。毗盧遮那佛像高三層，整座佛像古樸、精美。

■法源寺大雄寶殿

毗盧遮那佛像的最上層是安坐在須彌座上的佛的法身毗盧遮那佛；中層面向東西南北各一尊佛，也叫五方佛；最下一層是佛的化身，千百億化身釋迦佛，也叫千佛蓮花寶座，是毗盧遮那佛的蓮花座，有千葉蓮花，每一蓮花上化現一佛，形成「千佛繞毗盧」的景象。

■恭王府位於北京市西城區前海西街，因清末重要政治人物恭親王奕訢成為這所宅子的主人，宅名恭王府沿用至今。恭王府是中國現存王府中保存最完整的清代王府，它代表著中國的王府文化。

毗盧殿兩側的廊廡向中間靠攏，中軸線的通道改由兩側的狹道通往縱深，廊廡外觀以青磚灰瓦為主，再配上碩大的方格窗戶和大門，特別古典大方，屬稀有之物。據傳說，明萬曆年間大玉海和底座流落到西華門外真武廟，成了道士的醃菜缸。後來被移置到法源寺。

道士是指道教的神職人員。他們履行入教的禮儀，接受道教的教義和戒律。同時，道士作為道教文化的傳播者，他們布道傳教，為其宗教信仰盡職盡力。

在大悲壇內，又增添了木雕伏虎羅漢像。藏經樓的大殿則全部用青磚鋪地，樓內珍藏有明時所刻的藏經。樓上供奉的大士像，為木胎乾漆所製，是明代造像藝術精品。

在明朝，崇福寺的花兒從海棠、牡丹到丁香，這些花卉在崇福寺的歷史上一度引領北京養花的時尚。那時候，崇福寺寺院中遍種丁香樹，花開時節，香飄數里，為京城豔麗勝景。

每年四月，絡繹不絕的詩人和畫家甚至是普通市民相約法源寺，他們主動走上吟詩台吟誦自己的作品，配合古箏悠揚的韻律和法源寺內丁香盛開的香氣，使整個崇福寺幾乎成了詩歌的海洋。

由於丁香花開，潔白勝雪，花香四溢，因而有人讚崇福寺內丁香花盛況為「香雪海」。加之後來慕名而來到崇福寺內吟詩作賦者甚多，丁香詩會便在崇福寺內漸漸形成了。後來的丁香詩會就是始於明代崇福寺，而憫忠高台就是當時吟詩的場所。

■瀆山大玉海是元世祖忽必烈下令由大都皇家玉作完成，其製作意圖是為了反映元代國勢的強盛。它是中國現存最早特大型玉雕，它代表元代玉作工藝的最高水準，也預示明清時代又一個玉作高峰的到來，被《國家人文歷史》評為鎮國玉器之首。

【閱讀連結】

明末著名抗清將領袁崇煥被崇禎皇帝以多種罪名凌遲三天而死後，他的屍骨被剁為了齏粉。當時，老百姓並不瞭解其真相，幾乎都以為他是叛國賣國的亂臣賊子，紛紛以能吃到他的肉為榮。

那時候，只有袁崇煥曾經的一位佘姓部下相信他是被冤枉的，並冒著生命危險趁黑潛入法場，將袁崇煥殘存的骨肉收集了起來，偷偷運到北京法源寺停靈以及做簡單的法事。

▌清朝雍正皇帝賜名法源寺

　　清朝立國後，清世祖延續明朝律宗制度，在法源寺增建戒壇，傳授戒法，以宣揚「諸惡莫做」和「眾善奉行」的律宗教義對人民進行「治心」。後來，康熙年間中又重修了藏經樓。

■康熙（公元一六五四年至一七二二年），愛新覺羅‧玄燁，順治皇帝第三子，清朝第四位皇帝，也是清軍入關以來第二位皇帝，年號「康熙」，通稱「康熙皇帝」，為中國歷史上的最成功的帝王之一。重要政績：除鰲拜；平定三藩；收復台灣；討伐準噶爾葛爾丹；組織人才整理和編輯《康熙字典》。

　　在公元一七三一年，清世宗雍正皇帝忽然想到了「崇福寺」這座忠烈祠，於是他下令大修崇福寺，在公元一七三四年欽定崇福寺為專司戒事的皇家律宗寺院，並且賜名為「法源寺」。他還請來江南寶華山永海福聚律師住持法源寺，從此法源寺成為北方佛教律宗傳播的中心，長盛不衰。

公元一七七八年，乾隆皇帝親自到此進香，他有感於法源寺悠久的歷史，詔令再次整修。大雄寶殿的重修歷時兩年，修成後十分雄偉莊嚴，簡直氣勢非凡。

公元一七八〇年，法源寺大修竣工後，乾隆皇帝又親臨法源寺，為法源寺親書經文，還寫下詩句：

■乾隆（公元一七一一年至一七九九年），愛新覺羅‧弘曆，雍正皇帝第四子，清朝第六位皇帝，也是清軍入關以來第四位皇帝，年號「乾隆」。他在位六十一年。重要政績：組織人才整理和編輯《四庫全書》；乾隆皇帝親自帶部隊上戰場，保衛並擴大了中國的疆域領土，使中國的領土面積達到中國歷史上的頂峰；征服蒙古，並設「蒙古八旗」。

最古燕京寺，由來稱憫忠。

並御書「法海真源」匾額賜寺，從此奠定法源寺成為北京第一剎的地位。

匾額是中國古建築的必然組成部分，相當於古建築的眼睛。用以表達經義、感情之類的屬於匾，而表達建築物名稱和性質之類的則屬於額。作裝飾之用，反映建築物名稱和性質，表達人們義理、情感之類的文學藝術形式即為匾額。

　　「法海真源」匾後來一直懸掛在大雄寶殿上，其意義表露得很明白，即：千條萬條戒律、刑律，都是「流」，內心存誠才是「源」。

　　從宗教本身的意義來講，弘揚佛教，追本溯源，首先就要抓住律學，從而突出法源寺作為佛教律宗寺廟的重要地位。

　　後來，隨著法源寺的煙火繁盛，附近的人煙也更多了，同時在法源寺南邊也出現了一些義地和荒塚。許多外地來京者，有死在北京後不能歸葬的，就都一一埋在這邊了。

　　有的能歸葬的，一般都先把棺材停在法源寺裡的空房。但有時候有的靈柩放很久也沒人過問，法源寺的和尚們就只好就地處理，將其淪入荒塚了。因此，「法源寺」的和尚，除了本身的出世修行外，他們還給人們生前解決人神問題和死後處理人鬼問題。

　　清末維新志士譚嗣同和梁啟超曾在法源寺邂逅，兩人隨同學者康有為積極參與戊戌變法，直到變法失敗，譚嗣同從容就義。在被捕前不久，譚嗣同還曾到過法源寺。

■法源寺內的鼓樓

公元一八九八年，著名的「戊戌六君子」中的譚嗣同等六人被殺後，其靈柩就曾停於法源寺的後房裡。在近現代以來，法源寺曾是北京城內最大的停靈寺院之一，還一度被軍隊占用過。

清朝時期的法源寺主要建築有山門、天王殿、大雄寶殿、憫忠台、無量殿、大悲壇、藏經閣、大遍覺堂、鐘鼓樓和東西廊廡等，共七進六院。其布局嚴謹，寬闊廣大，是北京城內歷史最為悠久的古寺廟建築群。

在山門的左右兩側分別聳立著鐘樓和鼓樓。天王殿院落的文官果樹是落葉灌木，在清乾隆年間已成高樹了。當時著名畫家揚州八怪之一的羅聘在京時曾遊過法源寺，他曾題詩：

首夏入香剎，

奇葩仔細看，

僧原期得果，

花亦愛名官。

朵朵紅絲貫，

莖莖碎玉攢，

折來堪著句，

歸向膽瓶安。

揚州八怪是中國清代中期活躍於揚州地區一批風格相近的書畫家總稱，或稱揚州畫派。是指金農、汪士慎、黃慎、李鱓、鄭燮、李方膺、高翔、羅聘八位畫家。他們的作品不追隨時俗，風格獨創，並且有違人們欣賞習慣，人們覺得新奇，也就感到有些「怪」了。

因文官果樹的花瓣為白色，基部有一斑點，起初黃色後變為紅色，其果實可食，其味甘美，淡中有甜，所以詩云「紅絲」和「白玉」。

天王殿院落鐵鑄寶鼎是佛教寺院用來焚香而用，和香爐是相同的作用。此鼎上刻有八卦，署款「庚戌年乙酉月」和「慈寧宮」字樣，是雍正年間所造，後來從故宮移到了法源寺裡。

鼎是中國青銅文化的代表。鼎在古代被視為立國重器，是國家和權力的象徵。鼎本來是古代的烹飪之器，相當於現在的鍋，用以燉煮和盛放魚肉。自從有了禹鑄九鼎的傳說，鼎就從一般的炊器而發展為傳國重器。一般來說鼎有三足的圓鼎和四足的方鼎兩類，又可分有蓋的和無蓋的兩種。有一種成組的鼎，形制由大到小，成為一列，稱為列鼎。

■天王殿鐵鑄寶鼎

■法源寺大雄寶殿前的石碑

　　天王殿院錫梵大師碑，是北京當地的老百姓為當時住持於法源寺下院大
悲寺的錫梵大師所立。因八國聯軍入北京之時，錫梵大師為了救當地百姓，

隻身一人與八國聯軍軍官談判，因為他懂英文，所以才使當地百姓免遭外軍的踐踏，百姓為了感謝故立此碑。

大雄寶殿大殿兩側為十八羅漢坐像，像高一公尺多，木胎貼金，為清朝製品。

大雄寶殿屋簷下種滿翠竹，清時的石碑依次分列兩側，石碑上方雕龍盤繞，氣勢磅礴。石碑就立於烏龜台上，烏龜奮力抬頭，作匍匐前進之狀，彷彿不堪重負。

那時，憫忠台院除明時刻建的碑刻外，有《法源八詠》、《心經》、《御製法源寺碑文》、《般諾波羅密多心經》、《京都古憫忠今法源寺龍王菩薩靈井記》、《關聖帝君覺世真經乾隆五十九年秋》、《西方接引佛像贊》和《吳道子畫觀音像》等眾多碑刻。

在乾隆御筆「心經」文下刻畫有佛菩薩像，還有一具漢白玉石雕香爐，原本是天壇東門外法華寺的香爐，屬於清乾隆年間所造，置款「乾隆五十八年」字樣，並刻有「法華寺」字樣。須彌底座、層層重檐，雕鏤精緻，刀法細膩，為石製香爐中極少有的精品，也是不可多得的藝術珍品。

香爐即是焚香的器具。用陶瓷或金屬作成種種形式。其用途亦有多種，或熏衣、或陳設、或敬神供佛。中國香爐文化的歷史可以追溯到商周時代的「鼎」。香爐起源於何時，尚沒有定論。古代文人雅士把焚香與烹茶、插花、掛畫並列為四藝，成為他們重要的生活內容。

真武廟也就是玄武廟，位於北京回龍觀黃土東村，該廟創建於明末清初，歷史上遊人香客雲集，香火很盛，現為北京市重點文物保護單位，是昌平區保留最完整的明清時期古建築。

憫忠台後的殿堂淨業堂，又叫毗盧殿。堂前有一巨大石鉢，雙層石座，周圍雕著海水花紋和山龍、海馬及八寶等形象，雕刻極為精美，可與北海團城的瀆山大玉海媲美。

相傳大玉海原為元世祖忽必烈擺放在廣寒殿用作酒缸，在明代流傳到西華門外的真武廟。後來清朝乾隆年間，乾隆帝發現了大玉海，並將其運到北

海團城的承光殿中安放，但底座留在了真武廟。後來，乾隆帝下令按照大玉海的樣子雕刻了一個石海放在真武廟原先的底座上。

法源寺內收藏了眾多名貴的佛教典籍及藝術品，特別是大悲壇內陳列的大量佛經，數量眾多、版本珍貴。如東漢時代的陶佛座像，還有東吳時代的陶魂瓶、北齊石造像、唐石佛像、五代鐵鑄佛像、宋木雕羅漢、元鋼鑄觀音、明木雕伏虎羅漢等。

■元世祖（公元一二一五年至一二九四年），本名孛兒只斤‧忽必烈，他是元朝的創建者和蒙古民族光輝歷史的締造者，也是蒙古族卓越的政治家和軍事家。

在大悲壇中央懸掛有一塊康熙親賜的「存誠」御匾，這塊匾額是康熙皇帝的御筆，意思是做人無論是對事還是對人，都要在內心保存一顆真誠的心，才能不愧於天地。

法源寺的最後一進殿堂是藏經樓，又稱臥佛殿。在臥佛殿內有三個景泰藍的舍利塔，建於乾隆年間。這三個塔有三種不同形狀，分別代表著中國藏傳佛教、巴利語系佛教和漢語系佛教的三大語系。

在藏經樓內珍藏著清代時期所刻藏經。藏經樓分上下兩層，為木製建築，樓前有數百年古銀杏一株，直徑一公尺有餘，樹冠幾乎覆蓋了整個院落；台階前種有兩株西府海棠，蒼翠欲滴，枝幹相互依偎，如竹林一般壯觀。

兩株西府海棠種於乾隆年間，清代思想家、文學家及改良主義的先驅者龔自珍曾著《減蘭》詞云：

人天無據，被儂留得香魂住。如夢如煙，枝上開花又十年。

十年千里，風痕雨點斕斑裡。莫怪憐他，身世依然是落花。

千里之外，連殘瓣都被詩人珍惜，可見法源寺海棠花的魅力！

清代的法源寺以其花木見勝，譽滿京都。寺內種植的牡丹達百餘種，每當花開時，萬紫千紅，十分豔麗。加之寺內的丁香極負盛名。尤其清代康熙和乾隆之後，法源寺更是以花事馳名京城。

■龔自珍（公元一七九二年至一八四一年），清代思想家、文學家，以及改良主義的先驅者。他主要著作有《定庵文集》，留存文章三百餘篇，詩詞近八百首。其著名詩作《己亥雜詩》共三十五首。

宣南詩社清朝嘉慶、道光年間北京的詩人組織。經常活動於北京宣武門南。初名消寒詩社，建立於公元一八〇四年，參加者都是公元一八〇二年的同榜進士，當時他們都在翰林院供職。宣南詩社除作詩以外，也討論經學。

當時赫赫有名的紀曉嵐、洪亮吉、黃景仁、何紹基、龔自珍、林則徐和名噪一時的宣南詩社，都在這裡留下過流連的足跡和詩篇。

何紹基為晚清詩人、畫家和書法家。精通經史和小學金石碑版。他的書法融漢魏而自成一家，尤長草書。

如果說洪亮吉的「法源寺近稱海棠，崇效寺遠繁丁香」只是讚美海棠的話，那麼著名清代詩人楊懿年的「紅蕊珠攢曉露團，朱霞白雪簇雕鞍」則將丁香花讚美得玲瓏精細。

■紀曉嵐（公元一七二四年至一八○五年），本名紀昀，因其「敏而好學可為文，授之以政無不達」，所以在他死後，皇帝賜他謚號「文達」，民間尊稱他為「文達公」。

著名清代詩人黃景仁在去世前曾住在法源寺養病近三年，當時他的好友洪亮吉經常到廟中去看他。

黃景仁（公元一七四九年至一七八三年），清代詩人。詩負盛名，所作多抒發窮愁不遇、寂寞淒愴之情懷，也有憤世嫉俗的篇章。七言詩極有特色，也擅長寫詞。著有《兩當軒全集》。

洪亮吉（公元一七四六年至一八○九年），清代經學家、文學家。精於史地和聲韻、訓詁之學，善寫詩及駢體文。其論人口增長過速之害，成為近代人口學說的先驅。

《卷施閣詩集》收有《法源寺訪黃二病因同看花》七古云：

長安城中一畝花，

遠在塵西法源寺，

故人抱病居西齋，

瘦影亭亭日三至。

一叢兩叢各稱心，

前年去年看至今，

今年花盛病亦盛，

轉恐病久花難尋。

【閱讀連結】

在法源寺毗盧殿後門的台階上鑲嵌四塊小型金塊，俗稱為「金台階」，相傳是乾隆年間進貢到皇宮的，後乾隆皇帝賜予法源寺。「金台階」象徵佛教極樂世界的實報莊嚴，《彌陀經》云：「極樂世界有七寶池八功德水，池中皆以金沙布底，兩邊皆用金、銀、琉璃等寶物合成。」

「金台階」是表示佛教「接引上金階」的含義。另外，「金台階」與「丁香」和「七井」並稱為「法源寺三絕」。相傳乾隆年間北京大旱缺水，當時法源寺住持天月大師，就地挖井取水，感龍王菩薩顯靈，而得甘甜之水，眾生皆驚嘆此乃龍王菩薩之顯靈。所以法源寺西邊有「七井胡同」因此而得名。

千古名刹　大相國寺

　　大相國寺位於開封市中心，紅牆碧瓦，殿宇巍峨。寺內有「汴京八景」之一的相國霜鐘，更有美譽天下的「相國十絕」。

　　大相國寺原名建國寺，是中國著名的皇家寺院，也是十大歷史名寺之一。它始建於公元五五五年，因受帝王崇奉，地位如日中天，是中國歷史上第一座「為國開堂」的「皇家寺院」。大相國寺歷史上曾屢興屢廢，其鼎盛時期為中外佛教及文化交流的中心，深為海內外佛教界所矚目。

▌睿宗感夢遂建大相國寺

　　相傳，大相國寺原為戰國時期魏國公子信陵君無忌的故宅，後來卻荒廢了。五公元五五年，北齊在此興建寺院，並取名建國寺，後因兵災被毀。

　　在唐初，大相國寺是歙州司馬鄭景的宅園。公元七〇一年，慧雲和尚寄宿安業寺，發現原鄭景宅池內有樓殿幻影，認為此地很有靈氣，打算在這裡建寺。

■彌勒佛佛像

公元七〇六年，慧雲和尚將在歙州募鑄的一尊高一丈八尺的精美彌勒佛像運到汴州。公元七一一年，他又募購鄭景宅園重建建國寺，並把佛像安置於此。

慧雲和尚原本是以「福慧寺」為名建寺的，但在挖掘地基時，掘得一塊「建國寺」的古碑。在這塊古碑上，不僅詳細記載當年「建國寺」建寺的情況，還特別強調該地是信陵君故宅。慧雲和尚得知此地有如此非凡的歷史淵源，便決意廢棄寺名「福慧寺」，而用原名「建國寺」。

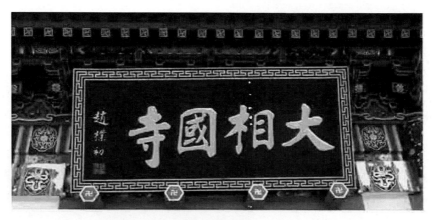

■大相國寺匾額

司馬在殷商時代就開始設置，主要掌握軍政和軍賦，在春秋和戰國時期沿襲設置。漢武帝時設置大司馬，作為大將軍的加號，後又作為驃騎將軍的加號。隋唐以後為兵部尚書的別稱。

公元七一二年七月，正在寺院建設時，唐睿宗宣詔，不得再建新寺。於是，建設中的建國寺被迫停工了。就在朝廷命官前來拆除寺院時，慧雲和尚忍不住在彌勒像前痛哭失聲，他焚香禱告說，若與此有緣，當現奇瑞，策悟群心，以保全寺院。

說來也奇怪，彌勒佛像頭上忽放金光，照亮了天地。百姓聽聞後，都感嘆不已，爭相前來瞻禮。見此情形，朝廷命官就把實際情況奏報了唐睿宗。

更奇怪的是，唐睿宗也正好夢見彌勒佛，於是他令當地州府官吏不得煩擾建國寺。加之唐睿宗考慮到自己曾經被封為「相王」，便下詔改「建國寺」名為「大相國寺」，並御書匾額「敕建大相國寺」，作為他舊封相王的紀念。由於唐睿宗的賜額命名，受到歷代帝王的大力崇奉，大相國寺就成為了當時汴州最大的寺院，聲名顯赫，信徒遍天。

汴州，古地名。今開封市，古稱梁、汴，又稱汴梁，簡稱汴，河南省轄市，中國七大古都之一。在漫長的歷史長河中，開封素以物華天寶、人杰地靈而著稱，其政治、經濟、文化的發展，不但對中原地區而且對全國曾產生過巨大的影響。

■大相國寺大雄寶殿內佛像

唐代著名書法家李邕在《大相國寺碑》中曾對當時大相國寺的盛況作了如下描述：

棋布黃金，圖擬碧絡，雲廓八景，雨散四花，國土盛神，塔廟崇麗，此其極也。雖五香紫府，太息芳馨，千燈赤城，永懷照灼，人間天上，物外異鄉，固可得而言也。

唐代大相國寺的佛像、碑額、壁畫等，被稱之為「相國十絕」，這在許多相關典籍中均有記載。壁畫是人們直接畫在牆面上的畫，作為建築物的附屬部分。壁畫為人類歷史上最早的繪畫形式之一。如原始社會人類在洞壁上刻畫各種圖形，以記事表情。至今埃及、印度、巴比倫、中國等文明古國保存了不少古代壁畫。

宋代著名書畫鑒賞家和畫史評論家郭若虛在《圖畫見聞志》卷五中有「相藍十絕」的記載：

《大相國寺碑》，稱寺有十絕。

其一，大殿內彌勒聖容，唐中宗朝僧惠雲於安業寺鑄成，光照天地，為一絕；

其二，睿宗皇帝親感夢，於延和元年七月二十七日改故建國寺為大相國寺，睿宗御書牌額，為一絕；

其三，匠人王溫重裝聖容，金粉肉色，並三門下善神一對，為一絕；

其四，佛殿內有吳道子畫文殊、維摩像，為一絕；

其五，供奉李秀刻佛殿障日九間，為一絕；

其六，明皇天寶四載乙酉歲，令匠人邊思順修建排雲寶閣，為一絕；

其七，閣內西頭有陳留郡長史乙速令孤為功德主時，令石抱玉畫《護國除災患變相》，為一絕；

其八，西庫有明皇先敕車道政往於闐國傳北方毗沙門天王樣來，至開元十三年封東嶽時，令道政於此依樣畫天王像為一絕；

其九，門下有瑰師畫《梵正帝釋》及東廊障日內有《法華經二十八品功德變相》，為一絕；

■吳道子（約公元六八〇年至七五九年），唐代畫家。他從事壁畫創作，後以善畫被召
入宮廷。擅長佛道、神鬼、人物、山水、鳥獸、草木和樓閣等繪畫，尤精於佛道和人物
的壁畫創作。

其十，西庫北壁有僧智儼畫《三乘因果入道位次圖》，為一絕也。

陳留有著悠久的歷史和豐富的文化資源。戰國時期屬鄭國，名留地，後被陳國所並，更名為陳留。秦置縣，漢設陳留郡，晉朝為陳留國，隋朝為郡，明清為縣。公元一九八四年建陳留鎮。

從以上關於「十絕」的記載，我們可以看到，唐代的大相國寺確實留下了許多文物古蹟。

惠雲和尚募鑄的彌勒佛像是大相國寺最著名的一寶，其金像彩繪是精工妙技，為當時絕手善於裝飾彩畫的王溫所裝飾。那時人們稱他所裝飾的金像彩繪聖容，具有各種大慈大悲的神態，因而被讚為大相國寺的「十絕」之一。

唐代著名雕塑家楊惠之所塑佛像，在唐代與吳道子的畫齊名，當時有人稱「道子畫，惠之塑，奪得僧繇神筆路」。楊惠之在大相國寺淨土院大殿所塑佛像，直到宋代尚且存在，有關古籍均有記載。

■楊惠之唐代著名雕塑家，擅塑羅漢像，首創將人物安排在山石壁上背景中的壁塑樣式。他在肖像雕塑上造詣很深，相傳他曾為長安著名藝人留杯亭塑像，人們從像的後面就能認出是留杯亭。

唐代大相國寺的壁畫非常出名，其中有吳道子畫的文殊和維摩像，唐代著名畫師石抱玉畫的《護國除災患變相》，唐代著名佛像畫師車道政畫的《北方毗沙門天王》，唐代著名畫師環師畫的《三乘因果人道位次圖》等。

車道政唐代畫家，尤其擅畫佛像，跡簡而筆健。他於公元七一三年到七四一年時受皇命，到西域一帶傳授北方毗沙門天王像的畫法技巧，後又在大相國寺作畫，他的畫堪稱一絕。

　　除此以外，唐代大相國寺還藏有不少著名的書畫作品，如唐代書法家李邕的墨寶和唐代傑出畫家韓幹的畫作等，均精美絕倫。

　　唐代大相國寺所建的佛閣和佛塔等，也非常有名。其中有著名佛閣名叫排雲寶閣，別稱寶閣、大閣、重閣或後閣，始建於公元七四五年，閣高一百公尺，特別雄偉。寺內東西兩塔分別名為普滿塔和廣願塔，建於唐肅宗至唐代宗年間。

　　唐代詩人劉商曾以《登相國寺閣》為題，寫下了如下的詩句：

晴日登臨好，

春風各望家。

垂楊夾域路，

客思逐揚花。

　　劉商，唐代詩人和畫家，能文善畫，詩以樂府見長。劉商的詩歌作品很多，代表作有《琴曲歌詞·胡笳十八拍》。劉商著文之外，愛畫松石樹木，氣度高雅。

　　唐代大相國寺的建築，宏偉精美，莫測高深。連後來宋代著名建築大師喻浩也讚歎備至公元，自覺無法理解其中的奧妙。他在有關著述中說：

每至其下，仰而觀焉，立極則坐，坐極則臥，求其理而不得。

　　可惜到了唐昭宗年間，一場大火使得大相國寺的山門、佛殿和排雲閣等四百餘間建築皆付之一炬。過了不久，高僧貞峻募化修葺，分立十院，逐步恢復了舊貌。

　　唐昭宗（公元八六七年至九〇四年），本名李曄，他是一個聰明又有才能的人，充分瞭解阻礙恢復唐朝力量和權威的形勢，但是唐朝已經積弱難返，他已回天無力。

■大相國寺內石刻

　　唐代的大相國寺，在中日佛教文化交流史上佔有重要的地位。中國佛教自大相國寺經朝鮮半島傳入日本後，到了隋代雙方就開始直接交往。

　　公元八○四年，日本真言宗創始人弘法大師空海隨第十七次遣唐使赴唐，在長安青龍寺隨密宗大師惠果學習密法。後來又在大相國寺得到惠仁大師的密法傳承，並留有描述寺院面貌的筆記。

　　空海回到日本後，不僅開創了日本佛教東密一派，而且用漢字草書的偏旁，參照梵文音符，製成了《伊呂波歌》，成為日文字母的創始人之一。

　　空海在中國學習佛法和文字，在中日佛教文化交流史上造成了重大的橋梁作用。他描述當時大相國寺面貌的日記，使得當時日本信徒對中國開封大相國寺有了較為清楚的認識。

【閱讀連結】

　　在唐朝，剛出道的畫家吳道子在老師的大力引薦下來到大相國寺。老方丈同意讓吳道子在寺內畫一幅壁畫，但吳道子深感在人才濟濟的大相國寺留墨非同一般，數月下來竟沒敢動一筆。

有一天夜裡，在月光下躑躅的吳道子忽然看見自己飄動的影子。他抬頭仰望蒼穹，只見當空的明月正射出萬道光華。此時，吳道子的神思噴湧而出。他快步跨入大殿，在壁上一揮而就。

第二天清晨，老方丈與眾僧進殿，忽然感覺涼風習習，定睛一瞧才發現，這風竟然是《文殊維摩菩薩像》畫中菩薩的衣帶所生。老方丈不禁驚呼：「真乃神來之筆，吳帶生風。」吳道子因此畫名揚天下，遂被譽為「畫聖」。

▌受帝王重視闢為儀式之地

大相國寺經過唐代多次修建，寺宇寬廣，風景優美，是歷代文人學士的去往之處。寺內高僧輩出，香火繁盛，為歷代帝王所重視，因此後來便被開闢為重要儀式的舉行之地。

■ 大相國寺香爐

在五代時，有高僧遵誨用勸說的方式向佛家弟子募集到《華嚴經》一部，並鑴刻於佛殿的三面壁上，在當時影響特別大。在後周時期，大相國寺又在寺院的菜園地上建立了「天壽寺」，後來又改名為「東相國寺」。

除此以外，大相國寺還增加了不少壁畫，其中有五代著名畫家王道求在寺內繪畫的佛道、鬼神、人物和畜獸等壁畫。他的作品多畫鬼神以及外國人物、龍蛇和異獸等，當時的名家都十分佩服他。在大相國寺的壁畫中，王道求的十六羅漢、打鬼的鍾馗及茒林獅子等圖都曾流傳於世。

十六羅漢是釋迦牟尼佛的弟子。據佛經說，他們接受了佛的囑咐，常住世間，受世人的供養而為眾生作福。此外，另有十八羅漢之說，是在十六羅漢後加上二位尊者。

羅漢又名「阿羅漢」，即自覺者，在大乘佛教中羅漢低於佛，菩薩，為第三等，而在小乘佛教中羅漢則是修行所能達到的最高果位。佛教認為，獲得羅漢這一果位也就是斷盡一切煩惱，應受天人的供應，不再生死輪迴。在中國寺院中常有十六羅漢、十八羅漢和五百羅漢。

五代著名畫家王偉在大相國寺內大殿等處繪有佛道壁畫。五代著名畫家王仁壽在大相國寺內文殊院繪有淨土彌勒下生二壁，在淨土院繪有八大菩薩像等。

後周著名畫家、大相國寺高僧德符在大相國寺內灌頂院繪有一松一柏壁畫，氣韻瀟灑，觀者如市。該畫在當時非常受人推崇，士大夫們競相題詠，約有百餘篇。

後周著名學者扈載擅長賦頌碑贊，他才華橫溢，受人愛戴。扈載偶爾去大相國寺遊玩，見寺院內綠竹修美可愛，便題《碧鮮賦》於壁上，傳聞甚廣，甚至被當時後周皇帝柴榮所收藏。

從唐朝到五代的大相國寺初興時期，寺內除以上著名文人畫師題詩作畫外，高僧也出了不少。知名高僧除唐代慧雲和尚外，五代高僧主要有歸嶼、貞峻、貞誨、遵海、澄楚和繼禺等人。

■柴榮（公元九二一年至九五九年），五代後周皇帝。是五代時期最英明的君主，也是對中國歷史進程影響最深的人物之一。他倡導改革，掃除唐末以來的政治弊端，大力發展經濟，使國力迅速增強。

歸嶼是後梁僧人，俗姓湄，安徽壽春人。他通達性相，精於大小乘佛法，尤善俱舍，唯識因明學，曾在大相國寺弘演佛法。

歸嶼與梁末帝曾經是同學，兩人感情很好。梁末帝在勸歸嶼還俗為官遭到婉拒後，他便不再勉強歸嶼，而是賜給歸嶼紫衣和「演法大師」的法號，並敕改「東塔御容院」為「長講院」。

■四面千手千眼觀音木雕像

歸嶼能詩，尤善書法，他用草書寫成的《會要》有二十卷，梁末帝閱後頗為讚賞，敕令皇家收藏。

　　公元八九一年，大相國寺遭火焚燬後，寺院的鼓樓、山門、七寶佛殿、排雲閣、羅漢殿、文殊殿等計四百餘間殿堂均遭火焚。

　　大相國寺的和尚們人心惶惶，經商議，一致決定派人去開封開寶寺，力請德高望重的貞峻法師做大相國寺主持。貞峻到任後，募化修葺，主持中興，宣講律宗，接納僧尼眾徒達三千餘人，使得大相國寺重新興旺起來。

　　貞峻是後唐僧人，俗姓張，鄭州新鄭人。他早年投入大相國寺依歸正律師而出家，後於嵩山會善寺戒壇院受戒，住開封封禪寺，就是後來的開寶寺。貞峻曾在嵩山學律，他勤讀善記，能誦經論數萬言，人稱「有腳經笥」。

　　後唐是五代十國時疆域最大的國家。公元八九一年，唐朝封李克用為晉王。後來，他兒子李存勗稱帝，國號「唐」，史稱後唐。後唐實現了對中國北方的統一，對中原王朝最終統一全國具有歷史推動意義。

　　貞誨是後唐僧人，俗姓包，江蘇常熟人。他是五代時後唐高僧，大相國寺的住持。貞誨十三歲時在蘇州龍興寺出家，十九歲到揚州拜名師受具足戒。他童真入道，性靜好學，奮發精進，對《法華經》很有體悟。

　　貞誨受具足戒後，前往各地遊歷參拜，遍訪名師。公元九〇四年，他挂著智杖，在大相國寺為眾僧開講《法華經》。十餘年間，他講《法華經》十餘遍，受益者不計其數。

公元九一六年，貞誨受五代宋國元帥孔公之請，前往帥府相會。孔公與貞誨接觸後，發現貞誨才學厚重，名不虛傳，更加仰慕貞誨，便拿錢資助貞誨在大相國寺西塔院設立法華經堂。

其後三十餘年，貞誨博覽大量經卷，說法三十餘年，講經三十七部，當時追隨他的弟子近千人，這些事在後來的《宋高僧傳》都有詳細記載。

遵誨是後晉僧人，俗姓李，安徽亳縣人。遵誨少年出家，隨智滔法師學習《華嚴經》，頗有心得。公元九〇八年，遵誨住在大相國寺藥師院，首開講業，講授毗尼。公元九三一年，他的弟子們相繼請其講演《華嚴經》，他前後講演共達十九遍。

■大相國寺鼎

後晉，五代之一，石敬瑭所建，都開封，歷二帝，前後十二年。公元九三六年夏，太原留守、河東節度使石敬瑭勾結契丹，認契丹皇帝為父，並以幽雲十六州為代價，在契丹扶持下在洛陽登基稱帝，國號「晉」，史稱「後晉」。

公元九三七年，五台山繼禺大師精通《華嚴經》，他每次講畢，均請遵誨法師傳播宣揚，就連俗家弟子也爭相前來聽講，大家都讚歎遵誨法師講得好。遵誨法師又向佛家弟子募鐫《華嚴經》一部於大相國寺講殿的三面石壁上，受到大家的稱頌。後來，皇帝敕賜遵誨法師為「真行大師」。

澄楚為後周僧人，俗姓宗，涼州人。他十歲在大相國寺拜智明和尚為師，學習佛法。由於他勤奮好學，體悟頗深。後晉皇帝石敬瑭聽說有關澄楚的消息後，特別敬重他，就把他詔入宮中內寺，賜給他紫袈裟，封他為新章律宗主，稱他為「真行大師」。

　　繼禺俗姓劉，河北人。他的父親曾擔任過汾州節度使，後來在戰亂中喪生。繼禺在五台山避難期間出家為僧，拜大文殊院弘準法師為師，後又跟高僧學習佛法。

圖開封大相國寺內景

　　在後晉時，繼禺南遊開封，被當時的皇帝石重貴看中，賜給他紫衣袈裟，並賜號「廣演醫聖大師」和「鴻臚卿」等，令他在大相國寺宣講《華嚴經》。

　　《五代會要》是關於五代典章制度的最早撰著。作者王溥生於五代，後周時居相位，諳熟五代典章文物，編撰此書時他又大量摘引了五代諸朝實錄中的詔令和奏議，所以《五代會要》的史料較後出的《五代史》詳實得多。

　　後來，由於後漢高祖劉知遠被繼禺的奇特外貌所吸引，他讓繼禺與各諸侯王結為兄弟，並封繼禺為大漢國都僧統檢校太師和中書令等職。

在五代時期，大相國寺經過大規模擴建，建有天壽下院、經樓和東相國寺等，其規模在當時位居都市寺院之首位。但是，寺院規模跟盛唐時的繁盛比起來還是稍差一些。

當然，由於大相國寺位居後梁、後晉、後漢、後周四朝的京都開封，又是當時京都最大的寺院，自然被那時的帝王所關注，其地位當然也很高。

據說，後周皇帝柴榮聽說大相國寺新添了許多書畫佳品後，他立即派了宦官去抄錄。柴榮在欣賞之餘大加讚賞。從此以後，在上元燈會、佛閣登高、進士題名、僧院品茶和聽琴觀畫等，都到大相國寺來助興。

■大相國寺一角

據有關史料記載，五代時帝王在大相國寺舉行的重要儀式主要有三個方面：

一是對天地的祈禱。公元九三七年至九四六年間，後晉皇帝先後前往大相國寺祈雪和祈雨。

　　二是為君主生日祝壽祈禱。公元九〇八年，梁太祖朱溫的生日就是在大相國寺設齋祝壽祈禱的。此後相沿成例，每逢君主生日，大都要到大相國寺設齋祝壽祈禱。

　　公元九五三年，周太祖郭威生日時也在大相國寺設置道場，並規定，中書之下等官員與文武百官共設一齋，樞密使與內諸司使副等官員共設一齋，侍衛親軍馬步督軍指使以下官員共設一齋。

　　三是為君主忌日行香。自唐代中期，每逢君主的忌日，文武百官都要到大相國寺行香，而且形成了定例。到了五代，當時的皇帝仍沿用這個舊習。

　　據歷史文獻《五代會要》記載，公元九四〇年正月，御使中丞竇貞固奏報皇帝，每遇到國忌就應行香，他請求宰相以下官員都應下跪行香，文武百官要依照官職大小依次行香，還要讓官員們行香之後要學著僧人吃齋飯。

【閱讀連結】

　　五代後漢時期，吏部侍郎張允以吝嗇而出名。就算是自己的妻子，張允也不會多給她一文錢。他害怕妻子偷偷地拿他的錢用，就把各種鑰匙都別在腰間，走起路來叮叮噹噹亂響，乍一聽像是個身上掛了很多耳環首飾的女人。

　　後周太祖郭威兵變時，張允躲到大相國寺裡勉強保住了性命，可是兵丁卻把他的鑰匙一股腦全給搶了去，等他回到家裡一看，早已被搶劫一空，張允心如刀絞，「哇」的一聲，鮮血狂噴，不到半日，竟一命歸天。

進入空前的鼎盛時期

　　從唐朝至五代，大相國寺一直被歷代君王所關注，這些皇帝要麼為大相國寺題寫匾額，要麼把大相國寺作為重要儀式的舉行之地。到了宋代，作為京都最大的寺院，宋代君王對大相國寺也倍加重視。

從宋太祖趙匡胤起，大相國寺就成為中國歷史上第一座「為國開堂」的皇家寺院。不僅寺內各院住持的任命和離職，都要由君王頒發聖旨允準，就是每逢住持就職，朝廷都會派欽差去降香。

公元九六二年，大相國寺失火，院房被焚數百間。宋太祖知道後，立即出資進行大規模重修。在宋真宗時，朝廷將唐代時期修建的排雲閣改名為資聖閣，前代遺留下來的維修工程也陸續竣工，大相國寺逐漸趨於完備。到宋神宗時，擴建後的大相國寺占地達到五百四十五畝。

在宋神宗時期，神宗皇帝下詔辟相國寺六十四院為二禪八律，以慧林、智海法師為東西禪院的住持，大相國寺從此進入了空前的繁榮時期。寺內寺產富足，寺藏之充裕大大超過前代。

■宋太祖（公元九二七年至九七六年），本名趙匡胤，北宋王朝的建立者。在位十六年，加強中央集權，提倡文人政治，開創了中國的文治盛世。他是一位英明仁慈的皇帝，是推動中國歷史發展的傑出人物。

宋神宗（公元一〇四八年至一〇八五年），本名趙頊，他即位後由於對疲弱的政治深感不滿，就重用宰相王安石推行變法，以期振興北宋王朝。但是由於改革操之過急，最終以失敗收場，不過宋神宗還是維持了新法將近二十年。

公元九六〇年至一〇六八年，宋太祖和宋真宗先後兩次從外地調來一千尊羅漢像，擴充到大相國寺。宋仁宗時修建仁濟殿，並往殿內安放了一具針灸銅人。宋英宗時大相國寺又建造了三朝御製佛牙贊碑。

■宋真宗（公元九六八年至一〇二二年），本名趙恆，在位二十六年。公元一〇〇四年，遼國入侵，宋朝戰勝了遼國，但因真宗懼怕遼的勢力，便訂立澶淵之盟，每年向遼進貢大量金銀。此後，北宋進入了經濟繁榮期。

　　據有關史料的大略統計，那時的帝王和皇后每年蒞臨寺院達一百餘人次以上，而侍臣相隨參與活動則不計其數。活動內容分為觀賞、巡視、祈福，君王和皇后生日慶賀或忌日行香、疾病祈禱、群臣宴會以及與僧人談禪論道等多個方面。

　　君主參加典禮，一般都由詞臣撰寫齋文。宋代著名文學家范質、歐陽脩、蘇軾和范仲淹等均有關於大相國寺的齋文傳世。

　　在北宋時期，大臣名士幾乎無不前往大相國寺。如名相趙普、寇準等都曾在寺內卜肆算卦。北宋宰相蔡京在京都退休後，盛暑的時候就常去寺內資

聖閣下乘涼。大將軍狄青任樞密使時，為了防範大相國寺遭受火災，狄青連家都搬到了大相國寺，這事在當時的京都廣為人知。

■寇準（公元九六一年至一○二三年），曾任北宋宰相，他為人剛直，因多次直諫，漸
　被皇帝重用。後因參與宮廷權力鬥爭，被人排擠。他著有《寇萊公集》。

在唐代的基礎上，寺內的壁畫數量大增，更加美輪美奐，成為了中外文化交流的活動中心。宋人宋白讚歎大相國寺全盛時期的盛景時描述道：

千乘萬騎，流水如龍，構此大壯，宜揚頌聲；金田寶剎，萬祀千齡，金碧輝煌，雲霞失容。

《東京夢華錄》是宋代文學家孟元老的筆記體散文，所記的大多為公元一一○二年至一一二五年間，居住在北宋京都開封的王公貴族和庶民百姓的日常生活情景。本書共十卷，約三萬字。

據宋代文學家孟元老的筆記體散文《東京夢華錄》記載：

大殿兩廊，皆國朝名公之筆；大殿朵廊，皆壁隱樓殿人物，莫非精妙。

那時，知名的畫家高益、燕文貴、高文進及李象坤等人，都對大相國寺進行過題畫。

宋代畫家高益擅長繪畫座神和蕃馬，他畫的蕃馬身材肥瘦，馬蹄印的稀疏，都特別傳神，很有氣勢。大相國寺的舊壁畫，基本上都是高益所畫。他的壁畫如《南國鬥象》、《衛士騎射》、《蕃漢出獵》等都流傳到了後世。

　　宋代畫家燕文貴曾經在開封賣畫，他在等待皇帝詔命時，高益發現了他的畫，特別欽佩燕文貴，於是推薦燕文貴去大相國寺作壁畫。燕文貴所畫的山水，大多是北方大河，而岸邊水渚多畫台榭相接，景緻優美，靈活多變，人稱「燕家景緻」。

　　宋代畫家高文進的《大降魔變相》被後人稱讚為「奇蹟」。高文進曾奉命修復大相國寺的陳舊壁畫，他便用蠟紙摹寫舊作筆法再移至壁上，不僅毫髮不差，而且氣度非凡。

　　這些畫家們所繪畫的神佛人物都極為生動，山水方面也稱得上是精美絕倫，所以後來有人寫詩讚美道：

　　當時畫手合眾，得此誠是第一工。

　　那時，不僅畫家跟大相國寺淵源密切，就是宋代的一些新榜進士也喜歡去大相國寺刻名留念。在大相國寺東南角的普滿塔等地，就有新科進士刻石之處。

　　進士是對中國古代最後一級科舉殿試考中者的稱呼，意為可以進授爵位之人。俗稱「三甲」，其中第一甲為狀元，第二、三甲分別為榜眼、探花。元、明、清時，貢士經殿試後，及第者皆賜出身，稱進士。

■大相國寺佛塔

作為一家有賣書書攤的寺院，大相國寺自然引起了文人騷客的極大興趣，他們出入其間，尋訪一些校勘嚴密和刻印精美的古籍極品，以汲取豐富的知識養分。

據宋代小說集《曲洧舊聞》記載，宋代著名政治家、書法家、詩人黃庭堅曾在大相國寺內買到學者宋祁的手書《唐史稿》十冊，常常在家裡細細品讀體味，因而文章大進。

黃庭堅（公元一〇四五年至一一〇五年），北宋著名詩人、詞人和書法家，他是江西詩派的開山之祖。在詩歌方面，他與北宋文學家蘇軾並稱為「蘇黃」；在書法方面，他與北宋書畫家公尺帶、蔡襄和蘇軾並稱「宋代四大家」；在詞作方面，他與北宋文學家、詞人秦觀並稱「秦黃」。

■黃庭堅塑像

宋代金石家趙明誠作為太學生時，他懷揣五百文錢，在大相國寺尋訪到稀有碑帖，後來編寫了《金石錄》。

碑帖，碑和帖的合稱，實際「碑」指的是石刻的拓本，「帖」指的是將古人著名的墨跡，刻在木板上彙集而成的拓本。在印刷術發展的前期，碑的拓本和帖的拓本都是傳播文化的重要手段。

據清代文人鄭大謨記述：「范仲淹曾讀書梁苑香林，即相國寺也。」

從宋真宗到後來的明清時期，許多文人都在大相國寺相互酬唱或獨抒胸臆，給後世留下了許多詩作。

在當時，大相國寺的住持基本上都是由皇帝賜封的，可以說是名僧輩出，贊寧、宗本等都是當時名動一時的禪師。

贊寧是佛教史學家，俗姓高，浙江吳興人，他先在杭州祥符寺出家，後來又到浙江天台山受具足戒，精研三藏佛經，再往靈隱寺專門學習南山律。

贊寧能言善辯，奔放自如。他擅長詩文，聲望極高，被吳越王所賞識，委任他做兩浙僧統，並賜他「明義示文大師」的法號。

公元九七八年，贊寧以花甲之年奉阿育王寺真身舍利前往開封，宋太宗多次召見了他，並賜給贊寧紫衣袈裟及「通慧大師」的法號，同時還把他納入翰林院。

《大藏經》為佛教經典總集，簡稱藏經，又稱一切經，有多個版本，如乾隆藏和嘉興藏等。按文字不同可分為漢文、藏文和巴利語三大體系。後又被翻譯成西夏文、日文、蒙文和滿文等，具有廣泛影響力。

後來，贊寧又奉皇帝之令回到杭州編纂《大宋高僧傳》，歷時七年成書三十卷。大宋皇帝對贊寧的著作十分褒獎，還命令僧錄司將其編入《大藏經》，以供眾僧學習。

後來，宋神宗召見宗本，令其回答有關政事和經義等方面的問題，見他對答如流，就稱讚他是「僧中之寶」。並賜他法號「圓照禪師」，令他在大相國寺慧林院修法。

宗本是江蘇無錫人，俗姓官，曾跟從安徽池州的德懷禪師學法，學得了全部密印。宗本早期住在蘇州瑞光寺，後在杭州淨慈寺出家，帶的徒弟眾多，影響廣泛，曾被浙江萬壽、龍華兩寺請去交流佛法。據說，在去萬壽、龍華兩寺的途中，迎接他的僧眾多達千餘人。

在北宋時，大相國寺不僅是全國佛教中心，也是國際佛教活動中心。每逢海外僧侶來華，皇帝幾乎都會下令大相國寺負責接待。許多國外使節來到開封后，一般都會去大相國寺參拜和學習佛法。

■宋神宗趙頊

■宋徽宗（公元一○八二年至一一三五年），本名趙佶，在位二十五年，亡國後被俘並受折磨而死。他自創了一種書法字體被後人稱之為「瘦金書」。另外，他在書畫上的落款是一個類似拉長了的「天」字，據說象徵「天下一人」。

在宋太祖時期，出家為僧的印度王子曼殊室利到中國後，曾在大相國寺進行佛事活動，並將大相國寺的盛況寫入了他的著作。

公元一○七四年，朝鮮使臣崔思訓曾帶幾名畫家來中國，將大相國寺的全部壁畫臨摹回國。在宋徽宗時，徽宗皇帝還將宋太宗寫的「大相國寺」匾額贈送給朝鮮使者帶回朝鮮。

在中外佛教文化交流方面，除朝鮮外，開封大相國寺和日本京都相國寺也有著深厚的淵源。

在宋神宗時，日本高僧成尋率領弟子七人前來中國巡訪，宋神宗曾親自安排他們住在鶴壁太平興國寺傳法院以及開封大相國寺等處。

後來，日本佛教界出於對大相國寺的欽慕，在日本京都也設立相國寺，並承中土佛教之風，將禪寺中高等級者列為「五山十剎」。

【閱讀連結】

狄青是北宋有名的「面涅將軍」，他英勇善謀，以軍功升任樞密副使。後來，京師連降暴雨，鬧了水災，狄青一家便在大相國寺避水。他站在大殿上指揮手下搬運行李，就因為穿了一件淺黃色的棉襖，頃刻之間消息傳遍了全城，說狄樞密使穿黃衣登大殿指揮士卒了，意思就是狄青要造反了。

隨後，狄青被貶到陳州任職，朝廷每月兩次派遣中使前去「探望」狄青，其實就是監視狄青的。沒過多久，被冤枉的狄青就在陳州鬱鬱而終了。

豐富多彩的民間傳說與活動

大相國寺的民間傳說與活動豐富多彩，是中國文化史和社會史的真實寫照。流傳於民間有關大相國寺的各種傳說，充分表現了大相國寺在人們心目中的崇高地位。

傳說在隋朝末年，秦王李世民進駐開封後，居住在前朝遺老喬相國家中。有一天傍晚，李世民回到相府，見後花園內烏煙瘴氣，火光沖天。他一打聽，才知是喬相國正指揮僕人焚燒紙錢，省得死後缺錢受苦受窮。

李世民回到臥室，百感交集，加上鞍馬勞頓，不覺神思恍惚，他夢見勾命鬼把他帶去地獄。在森嚴恐怖的閻王殿裡，幾個小鬼一擁而上把李世民打翻在地，還踏上了一隻腳。這時，閻王翻開生死簿，唸道：

■魯智深原名魯達，又稱魯提轄智深，是施耐庵所著《水滸傳》中的人物，他生活在北宋年間，出家後法名智深，又因其天性不喜被拘束且好抱打不平，故又被人稱作「花和尚」。在梁山泊一百單八將中排第十三位。《水滸傳》又名《忠義水滸傳》，一般簡稱《水滸》，作者一般被認為是施耐庵，創作於元末明初，是中國古代四大名著之一。《水滸傳》是中國歷史上第一部用白話文寫成的章回小說，也是漢語文學中最具備史詩特徵的作品之一。版本眾多，流傳極廣，膾炙人口。

李世民，六十歲，喬相國府中管家……

突然，閻王的眼睛一亮，說道：「你要回去也行，正好喬相國在我這裡剛存了三萬銀兩，要不你先借用吧！」

李世民無奈只得寫了借據，他被閻王冷不防猛擊了一掌，頓時暈頭轉向，驚呼救命。李世民一蹬腿就醒來了。

後來，李世民做皇帝後，他念念不忘在夢中借了喬相國三萬兩銀子的事。他要還喬相國的帳，但喬相國卻死活不認帳。沒有辦法，李世民就用這筆錢在開封給喬相國蓋了座寺院，並賜名「大相國寺」。

　　還有一個傳說，大相國寺之所以如此有名，這與古典名著《水滸傳》中魯智深在寺內倒拔垂楊柳的故事有很大關係。

　　傳說魯智深提著戒刀，拎著他那長五尺重六十二斤的渾鐵禪杖，從五台山來投奔大相國寺的智清禪師。佛門中的禪杖，是禪門中的教徒在坐禪時用以警睡的工具。佛經《釋氏要覽》中說：「禪杖竹葦為之，用物包一頭。令下座墊行；坐禪昏睡，以軟頭點之」。

　　智清禪師決定委派魯智深去管理菜園。菜園附近有二三十個無賴，經常進來偷盜蔬菜，見大相國寺派來一個新和尚去管理園子，就尋思著要給魯智深來個下馬威。

　　那天，眾無賴湊好錢後，買來十瓶酒，還牽了一頭豬，來請魯智深喝酒吃肉。魯智深不知道是計，心生歡喜，吃得半酣時，他忽聽得牆外楊樹上有幾隻烏鴉在瞎叫。

　　眾人聽到烏鴉的叫聲，都以為不吉利，尋思該怎樣把烏鴉巢拆了，其中有兩個性急的就要爬樹上去拆烏鴉巢。魯智深走到楊樹跟前，左手抱住樹幹，才一抻腰，就將那棵楊樹連根拔了起來，驚得眾無賴目瞪口呆，一齊跪拜在地上。從此，眾無賴再也不敢去大相國寺的菜園偷盜了。

　　自北宋以來，由於大相國寺門前有個在當時遠近聞名的延安橋碼頭，加之寺內場地空闊，遊人眾多，大相國寺的民間活動也十分的活躍。

■大相國寺魯智深倒拔垂楊柳塑像

在北宋時期，大相國寺的商業貿易十分興旺，蔚為壯觀，並逐漸演變成定期的廟會和常年市場。據說，在商品經濟的薰陶下，大相國寺的一些和尚竟然也違背佛教戒律，開辦了燒豬院，經營豬肉生意，當時的惠明和尚甚至成了名聞京城、專門烹調肉類菜餚的高級廚師。

《東京夢華錄》記載：

相國寺每月五次開放萬姓交易。

在大相國寺投市交易的商品種類繁多。據《東京夢華錄》介紹，「大三門上皆是飛禽貓犬之類，珍禽奇獸，無所不有」；庭中等處「賣蒲合、葦席、屏障、洗漱、鞍轡、弓箭、果脯」；「賣繡作、領抹、花朵、珠翠頭面、帽子、絛線」。

■李清照（公元一〇八四年至一一五五年），號易安居士。宋代女詞人，婉約派的代表，有「千古第一才女」之稱。主要作品有《易安居士文集》，已散佚。後人有《漱玉詞》輯本。

《東京夢華錄》還說：

■大相國寺內一隅

殿後資聖門前，皆書籍玩好圖畫及諸路罷任官員土物香物之類。

在大相國寺參與交易的商民來自四面八方，臨時聚合，隨聚隨散。傳說宋朝著名詩人、書法家黃庭堅就曾在這裡買到一本宋代史學家宋祁寫的《唐史稿》手稿。

著名詞人李清照的丈夫趙明誠，也曾在這裡買到過稀有的碑帖，在趙明誠去世後，李清照補作《金石錄》後序記敘了這段往事。

趙明誠（公元一〇八一年至一一二九年），字德甫或德父，著名金石學家、文物收藏鑒賞大家及古文字研究家。致力於金石之學，在夫人李清照幫助下，趙明誠完成了《金石錄》。

到了金代，民間承宋代之風，依然在寺內進行交易活動，至金末這種活動增至每月八次。在明清時代，大相國寺的商業貿易活動更加頻繁。

■蔡齊榜畫像

清朝末年，寺院東廊一帶大多出售古籍字畫古董；西廊附近則出售藥品、玩具、帽帶、首飾等；山門外羅漢殿四周、天王殿前後也多有零星攤位。

在國際商貿活動中，大相國寺居然也有一席之地，而且影響很廣。據日本高僧成尋記述：

汴河左右前著船不可稱講。一萬斛，七八萬斛，多多莊嚴。大船不知其數，兩日見過三四重著船萬千也。

《鐵圍山叢談》為北宋進士蔡絛被流放白州時所作歷史筆記。它記載了公元九六〇年至一一三一年間的朝廷掌故、宮闈祕聞、歷史事件、人物軼事、詩詞典故、文字書畫、金石碑刻等諸多內容，色彩斑斕，異常豐富，可謂一部反映北宋社會各階層生活狀況的鮮活歷史長卷。

這些船隻中許多屬大相國寺所有，而當時大相國寺寺內陳列的商品除本國產品外，還有一些透過航船從國外進口來的物品，如大相國寺寺內所「賣日本扇者……索價絕高」。因此，有宋代吏部尚書宋白在《大相國寺碑銘》中描述：

外國之稀奇，八方之異巧，聚精會神，爭能角勝，極思而成之也。

大相國寺向來是個普天同樂的地方。在大相國寺，除了萬姓交易，還有各色走江湖的。

據說，在北宋時期，有一年殿試後，有個考生發現，殿試規定八韻的賦他居然忘了做第八韻。殿試又稱「御試」、「廷試」、「廷對」，即指皇帝親自出題考試，對會試合格者區別等第。殿試為科舉考試中的最高一段，由武則天創制，宋代始為常制。明清殿試後分為三甲：一甲三名賜進士及第，通稱狀元、榜眼、探花；二甲賜進士出身；三甲賜同進士出身。

於是考生就忐忑不安地去大相國寺求籤，出乎意料的是，大相國寺內的算命先生竟一口咬定說，考生一定會考中進士。

後來，考生果然如算命先生所說，中了宰相蔡齊榜的進士。考生中榜後，卻一直想不明白自己到底怎麼中的獎，就逢人便講，說大相國寺的算命先生

多麼神驗。日子一久，前往大相國寺算命的人更是絡繹不絕，就連當時的宋徽宗皇帝也信了。

據宋朝學者蔡絛流放白州時所作筆記《鐵圍山叢談》記錄，宋徽宗皇帝在即位前常有一些吉祥的徵兆。於是就讓大臣拿著自己的生辰八字，前去大相國寺找人算命。當時，有個叫陳彥的算命先生說宋徽宗是天子之命。第二年，宋徽宗果然做了皇帝，而算命先生陳彥後來則被宋徽宗賜封做了節度使。

在大相國寺，茶酒飲宴也很方便，這裡也就成為朝士文人聚會的理想場所。在北宋哲宗時期，著名文學家、書畫家蘇東坡與著名學者錢勰等就常在大相國寺寺內寶梵律院會餐。

■大相國寺佛殿

在宋徽宗末年，侍郎劉季高也在智海禪院擺席，並與北宋的著名詞人柳永等調侃互娛。

由於文人雅士們經常在大相國寺聚會，大相國寺寺內時不時會有小範圍的露天舞蹈活動。

北宋著名詩人梅堯臣與史學家劉攽曾到大相國寺聽「越僧鼓琴」，留下了「徒謂五音淳，孰識商聲高」的深刻印象。

在北宋時期，即便平日，大相國寺也有群眾性的遊樂活動。一年一度的上元賞燈最為壯觀，火花銀樹，人潮如湧，僧俗同樂，直至達旦。到了每年的浴佛節，大相國寺的浴佛齋會也是熱鬧非凡。

除此外，開封市民們還習慣冬至時去遊覽大相國寺，而資聖閣納涼和大相國寺賞雪都是他們的最愛。俗話「相國寺前，熊翻筋斗；迎春門外，驢舞柘枝」更是形象生動地描繪了大相國寺雜技表演的精彩場面。

【閱讀連結】

據傳說，唐太宗李世民曾特意派了心腹大將尉遲恭督建大相國寺，可是即將竣工時，突厥犯境，皇上便派大將程咬金前去檢驗完工情況並傳旨調回尉遲恭。

兩人急火火往回趕了數百里，忽然想起寺廟山門還沒建，不建是欺君，返回去建又來不及了。程咬金靈機一動，讓尉遲恭在他們當時所在之地建了一座山門。

回到京城，唐太宗問敕建大相國寺的情況，程咬金報告說：「皇上，這廟雄偉堂皇，離幾百里就能看見相國寺山門！」

唐太宗大悅，重賞二人，隨即派其出兵應敵。戰後唐太宗知道了此事，只好一笑作罷，派人重新又建了一座山門。

▌歷經戰火水患走向衰敗

在北宋時期，大相國寺走過了它最輝煌的歲月。但在北宋以後，大相國寺在戰火與黃河水患的雙重損毀中屢遭摧殘，社會地位在南宋時期更是一落千丈。

公元一一二六年，金人兩度圍攻開封，大相國寺寺院一度被作為招募義勇兵準備抗敵的場所。在金人攻陷開封後，啼飢號寒的難民在大相國以財物贖取被金人掠去的家人，其情形慘不忍睹，人數之眾多達數萬。

　　金朝占領開封城後，為國開堂的大相國寺也遭到重創。大相國寺曾經收藏有許多艮岳遺石，但隨著宋代皇室的南遷，這些本應放置在北宋皇宮遺址開封龍亭公園的艮岳遺石，聳立在了大相國寺的大雄寶殿和羅漢殿前。

■艮岳遺石屬靈璧石類，為舉世之寶。在乾隆行宮院內，曾陳放一方長兩公尺、高一點五公尺、厚零點八公尺的靈璧石，此石形美如浮雲，色極清潤，摩挲聲響，屬「艮岳」遺石。

■北京故宮博物院在明朝和清朝兩代皇宮及其收藏的基礎上建立起來的中國綜合性博物館，也是中國最大的古代文化藝術博物館，其文物收藏主要來源於清代宮中舊藏。

　　這些大窟窿小眼的艮岳遺石，嶙峋雄拔、瑰麗奇特、玲瓏剔透。為了建艮岳園林，宋徽宗傾一國之力，把艮岳遺石從太湖之濱運到首都開封。但艮岳園林完工剛剛才五年，金人就來了。

　　為了守城，開封軍民打碎艮岳遺石，當做炮子轟擊金兵。但吃過艮岳石雨的金人特別喜歡艮岳遺石，還把遺存下來的艮岳遺石搶去了燕京，有的艮岳遺石還被用作後來北京北海公園白塔山的石料。

　　後來，大相國寺羅漢殿前的艮岳遺石，在英法聯軍摧毀了圓明園後，又被運到北京圖書館和北京故宮博物院，最後它又從故宮博物院回到了開封大相國寺。

　　大相國寺在金人的鐵蹄下無可奈何地衰敗了。金人趾高氣揚以勝利者的身分到大相國寺燒香禮佛，從此大相國寺轉歸金國統治。之後，南宋又在杭州淳祐橋邊重建了一座大相國寺，但當地人與南下移民都不將其作為開封大相國寺的延續。

當時，有一家印書鋪在刊印東晉道教學者葛洪所著的《抱朴子》末頁時，鄭重地刻上了一段文字：

舊日東京大相國寺東榮六郎家，見寄居臨安中瓦南街東，開印經史書籍鋪，今將京師舊本《抱朴子內篇》校正刊行，的無一字差訛，請四方收書好事君子幸賜藻鑒。

《抱朴子》是東晉道教學者、著名煉丹家和醫藥學家葛洪撰，他總結了戰國以來神仙家的理論，確立道教神仙理論體系，兼集魏晉煉丹術之大成。

除了舊店新開的廣告意識，不難體味書鋪主人對故都大相國寺的深情思念。在南宋紹興年間，古董收藏家畢少董還從大相國寺找到一本南宋前期重要歷史學家王明清編著的歷史筆記《熙豐日曆》，並帶去江南。文人名士們爭相傳誦後，都感慨不已。

大致也是這個時候，南宋文學家孟元老沉溺在記憶中追懷它的勝日景況，寫下了《相國寺內萬姓交易》等篇章，並決定把回憶錄取名為《東京夢華錄》。

■開封市大相國寺大雄寶殿

■范成大（公元一一二六年至一一九三年），字致能，號石湖居士，江蘇蘇州人。南宋詩人。他從江西派入手，後學習中、晚唐詩，繼承了白居易、王建、張籍等詩人新樂府的現實主義精神，終於自成一家。風格平易淺顯、清新嫵媚。詩題材廣泛，以反映農村社會生活內容的作品成就最高。他與楊萬里、陸游、尤袤合稱南宋「中興四大詩人」。

　　在北宋滅亡四十餘年後，宋代政治家和詩人范成大出使金國。一到大相國寺，范成大就看到了宋徽宗曾經題寫的寺額懸掛在破敗的山門上，而大相國寺開市交易的習慣卻還同過去一樣。此情此景，范成大感慨萬端，並寫了一首詩：

　　傾檐缺吻護奎文，金碧浮屠暗古塵。

　　聞說今朝恰開寺，羊裘狼帽趁時新。

　　在范成大的眼裡，大相國寺的一切，都不可能再回到當年繁盛的情形了。類似的慨嘆很多，在元代著名詩人陳孚的《登大相國寺資聖閣》裡也有流露：

　　大相國閣天下雄，天梯縹緲凌虛空。

三千歌吹燈火上，五百纓縵煙雲中。

洛汭已掩西墜日，漢津空送南飛鴻。

闌干倚遍忽歸去，颯颯兩鬢生秋風。

陳孚為元代學者，曾任國史院編修和禮部郎中，官至公元天台路總管府治中。詩文不事雕琢，紀行詩多描摹風土人情，七言古體詩最出色，著有《觀光集》、《交州集》等。

在范成大與陳孚的心目中，大相國寺不是一般的寺廟，而是趙宋文明的一種象徵。但是，在金元兩代異族統治下，它顯然走向了衰敗，而且再也無法回到北宋時期的輝煌景象。

南宋學者和藏書家周輝曾記下他南下前對大相國寺最後的一瞥：

■開封市大相國寺

輝出疆日，往返經寺門，遙望浮屠峻峙，有指示日：「此舊景德院也。」匆匆攬轡徑過，所可見者棟宇宏麗耳，固不暇指顧問處所。

周輝是南宋學者和藏書家。著有十二卷筆記體著作《清波雜誌》，內容多為宋人雜事，對宋代官制有一定史料價值。還著有《清波別志》三卷和《北轅錄》一卷。

再後來，大相國寺先是在金代時期遭遇火災，後又有蒙古軍攻陷城池。大相國寺遭受到了更大的損失，寺門被燒成灰燼，只有少量的僧堂保存了下來。

　　在當時，儘管有金章宗率國民出資共同修葺，最終還是未能改變大相國寺的衰頹景況。

　　到了元代，大相國寺歸開封汴梁路總管府所轄，大相國寺寺院的地位也大不如前。不過，好在元代統治者也崇奉佛教，寺院在兵燹之餘，有時會得到局部的維修。

■金章宗（公元一一六八年至一二〇八年），本名完顏璟，他喜愛漢學文化，能書畫。公元一一八九年，他繼位後，不斷完善各種政治、經濟制度，實現了女真族的徹底封建化。

　　有關史料記載，汴梁路大相國寺住持僧柴某曾經親奉聖旨修葺大相國寺的前殿、資聖閣等建築。說是「親奉聖旨」，其實也就是朝廷允許大相國寺自籌資金修繕罷了。

以當時元朝的經濟實力，政府不可能再像北宋時代那樣動輒就請朝廷撥款了。大相國寺當時雖自籌資金，但經過重修後仍然十分壯麗，這從元代詩人陳孚《登相國寺資聖閣》一詩可見一斑：

■朱元璋（公元一三二八年至一三九八年），本名朱重八。公元一三六八年，他擊破各路農民起義軍在南京稱帝，國號「明」。建立了全國統一的封建政權。

大相國寺天下雄，天梯縹緲凌虛空。

三千歌吹燈火上，五百縈縵煙火中。

元末，開封在烽火連天的三次拉鋸戰中牆倒城摧，大相國寺慘遭毀壞。至明代洪武年間，朱元璋下令大相國寺統領開封府各州縣的寺院僧侶，並將南人黃寺和北人黃寺與景福寺併入大相國寺院。

後來，大相國寺再次遭遇水患。明王朝在公元一四〇六年至一四八四年間，曾兩次進行修繕，並被賜「崇法禪寺」。公元一五三七年，資聖閣得到重修。

　　公元一五五三年和公元一六〇七年大相國寺再次得到重修。如此一來，大相國寺在明朝歷代帝王的大力推崇下，規模雖不及宋代，但也處在相對興盛階段。

　　大相國寺的佛事活動相當繁盛，院內「有地藏殿五間，後俱是僧人所居，前後司有：白眾。」明末清初人劉昌寫道：「梵鐘之音，遠聞數里。黃幡丹幢，臂聲而苜載。香寶賈珞，轟擊而肩摩。」

　　在明朝嘉靖年間，大相國寺再次名動天下，且發展到「每日開市」。作為人民交易和娛樂的場所，大相國寺在明代可謂繁盛一時。但到了公元一六四二年，由於李自成軍攻打開封，官軍決黃河企圖水淹義軍，不料「水自北門入，貫東南門出，奔聲如雷，城中百萬戶皆蕩盡」。

李自成石像

　　大相國寺在這次人為的黃河決口中被大水淹沒，「相國鴟吻百人號」，就連寺院的屋頭閣頂都成了難民的避難之所。水退後，大相國寺被泥沙淤沒。

【閱讀連結】

　　宋徽宗趙佶喜歡石頭，尤其喜歡大塊大塊奇形怪狀的堆在一起的石頭。公元一一〇五年，他決定建造一座名為「艮岳」的皇家園林。為建「艮岳」，宋徽宗特意在杭州設置「造作局」，由宦官

童貫主持這個擁有數千工匠的皇家手工場，製造皇家奢侈用品，而所需材料全從民間無償徵取。

當時，宋徽宗還在蘇州設置「應奉局」，專門負責東南江浙一帶花石的蒐羅。之後，花石多經水路運河運往京城開封。十船一組，稱作一綱，這就是「花石綱」名稱的由來。

清朝重建並復名大相國寺

在清朝時期，順治、康熙、乾隆和嘉慶等歷代王朝先後在前代廢墟上重建大相國寺，其中以乾隆年間修葺規模最大。

公元一六六一年，清世祖順治重建山門、天王殿和大雄寶殿等，還增建「放生池」，並將明代賜名的「崇法禪寺」復名「大相國寺」。放生池是佛寺中都有的一個設施，一般為人工開鑿的池塘。為體現佛教「慈悲為懷，體念眾生」的心懷，讓信徒將各種水生動物如魚、龜等放養在這裡。信徒放一次生就積一次德，象徵「吉祥雲集，萬德莊嚴」的意義。

公元一六七一年，康熙重修藏經樓，後又陸續增建中殿及左右廂廊。

■清世祖（公元一六三八年至一六六一年），即順治帝，本名愛新覺羅‧福臨。他在親政以後，整頓吏治，注重農業，提倡節約，減免苛稅，廣開言路，網羅人才，他為鞏固清王朝的統治作出巨大貢獻。

公元一七六六年，乾隆皇帝親自批准動用庫銀一萬兩，歷時兩年多，全面整修了寺院的山門、鐘鼓樓、接引殿、大殿、羅漢殿和藏經樓，以及觀音和地藏二閣等建築。

■嘉慶（公元一七六〇年至一八二〇年），本名愛新覺羅‧顒琰，清朝第七位皇帝，也是清軍入關以來第五位皇帝，年號「嘉慶」。他面對乾隆末年危機四伏的政局，整飭內政，整肅綱紀。但他對內政的有限整頓，未能從根本上扭轉清朝政局的頹敗。

據後來開封博物館收藏的大相國寺和尚性空所繪「相國寺全圖」，可以想見當日盛況。乾隆為重修後大相國寺題額「敕修相國寺」的墨跡也保存在開封博物館。

在乾隆和嘉慶下令擴建大相國寺，並詔命「恢復舊觀，不可圖節省」時，主要操辦這個事務的阿思哈在寺院的西南邊修建了一個類似行宮或招待所的

「祇園小築」。「祇園小築」在當時國內的其他寺院確不多見，它實際就是大相國寺皇家寺院性質的延續。

清朝時期的大相國寺又興旺了起來，僅常住和尚就有三百多人。公元一八一九年，大相國寺重修了「智海禪院」，之後道光和光緒年間對大相國寺也進行了修繕。

清代重建後的大相國寺古色古香，金碧輝煌，規模遠超於唐宋。但其在一條中軸線上，由南至北，依次建有碑樓、天王殿、大雄寶殿、八寶琉璃殿和藏經殿等建築的格局，基本保存了下來。後來，在大相國寺前院東側還建了鐘樓。清朝時期的大相國寺主要建築有：公元七六六年唐代所修的牌樓式山門，後來山門連同門前一對石獅毀於戰火。

■大相國寺鐘樓

■大相國寺天王殿

　　山門又作三門，為禪宗伽藍之正門。三門有智慧、慈悲、方便三解脫門之義，或象徵信、解、行三者。三解脫門即：空門、無相門和無願門。

　　天王殿亦稱二殿、前殿或接引殿。該殿面較為寬闊。五間三門，飛檐挑角，黃琉璃瓦蓋頂，居中塑有一尊彌勒佛坐像，慈眉善目，笑逐顏開，坐在蓮花盆上。彌勒佛坐像兩側站著四大天王，他們個個圓目怒睜，虎視眈眈，大有滅盡天下一切邪惡之勢。

　　善財童子是潛心修行、終成道果的典範。據《華嚴經》記載：善財童子出生時，家中自然湧現許多珍奇財寶，因而取名為「善財」。但是善財童子看破紅塵，視財產如糞土，發誓修行，終成菩薩。

　　持珠握蛇者為廣目天王，他以站得高、看得遠而得名；手持紅色寶傘者是多聞天王，他以聞多識廣著稱；持寶劍者是增長天王，他希望世間善良的心、善良的根大大地增長起來；最後懷抱琵琶的是持國天王，他彈奏著八方樂曲，護持著萬國和平。

天王殿的後面是「放生池」。佛教本著「平等眾生」的護愛之心，提倡放生不殺生。於是，放生池應運而生。為體現佛教「慈悲為懷，體念眾生」的心懷，讓信徒、香客等人們將魚、螺螄和烏龜等各種水生動物放養在這裡，藉此養護一顆護生的心。

「放生池」是許多佛寺中都有的一個設施。每逢諸佛菩薩的聖誕或是有重要的佛事活動，就會舉行放生儀式。信徒放一次生就積一次德，象徵「吉祥雲集，萬德莊嚴」的意義。

在「放生池」前有一座重達五千餘公斤的鐵質「萬年」寶鼎。寺院放置寶鼎的意義在於：祝願國家國運昌隆，期望佛法如同國家和寶鼎一樣駐於世間。

佛法，佛所說之教法，包括各種教義及教義所表達之佛教真理。又佛法為佛教導眾生之教法，亦即出世間之法；對此，世間國王統治人民所定之國法，則稱為「王法」。佛所得之法，即緣起之道理及法界之真理等；又佛所知之法，即一切法；以及佛所具足之種種功德，均稱佛法。

寶鼎上下共六層，寓意分別是：一層天地同流，二層戒香芬郁，三層永鎮山門，四層普薰法界，五層香煙縹緲，六層雲氣升騰之意。

大雄寶殿位於天王殿的北邊，是赫赫有名的大相國寺正殿，重檐斗拱，雕梁畫棟，殿頂用黃綠琉璃瓦覆蓋，金碧交輝。大雄寶殿的周圍有青石欄杆，欄杆上雕刻著幾十頭活靈活現的小獅子。

■大相國寺大雄寶殿

■大相國寺八角琉璃殿

　　在大雄寶殿內供奉有釋迦牟尼、阿彌陀佛、藥師佛和三世佛，均高四點三公尺，其後是大型雕塑海島觀音，取材於《華嚴經》善財童子的故事，形象地表現出南海觀音普度眾生的場面，東西兩壁供奉的是十八羅漢。

羅漢殿在大雄寶殿旁邊，它的結構特別奇特，是八角迴廊式建築，俗稱「八角琉璃殿」。羅漢殿占地八百二十八平方公尺，由遊廊殿、天井院和中心亭三部分組成，殿頂均為綠色琉璃瓦。

遊廊殿平面為八角形，占地五百三十三平方公尺，高十點一三公尺，八角飛檐。遊廊廊沿有二十四根木柱，東西南北各有殿門和八級石階。遊廊殿四周塑有釋迦牟尼講經會佛雕，佛像造型生動，雕刻精美。

天井院內八角亭突起，高二十點五四公尺，重檐八角攢尖頂，其巔覆以銅色小塔。飛挑的八角，與遊廊殿飛檐為同一走向。檐部殿角各懸鈴鐸，每當輕風吹拂，叮噹作響。

鈴鐸，樂器名；也叫做「手鐸」、「風鐸」、「檐鐸」。它起源於印度，是真言宗、天台宗的唄器。中國寺院懸於塔檐殿角的「風鈴」，也屬於鈴鐸。在佛教中，供「鈴鐸」於塔廟，世世得好音聲。

羅漢殿內迴廊中有大型群像「釋迦牟尼講經會」，五百羅漢姿態各異，造型生動，他們或在山林之中，或在小橋流水間，或坐或臥，或仰頭，或俯首，形態逼真，情趣無限，堪稱藝術傑作。

編鐘是中國古代的一種打擊樂器，主要是用青銅鑄成，它由大小不同的扁圓鐘按音調高低的次序排列懸掛在一個巨大的鐘架上，用「丁」字形的木槌和長形的棒分別敲打銅鐘，可以演奏出美妙的樂曲。

在羅漢殿中間有一木結構八角亭高高聳立，八角亭內有一尊四面千手千眼觀音木雕像，全身貼金，高六點六公尺，精美絕倫，巧奪天工，是乾隆年間一位民間藝人用一棵完整的銀杏樹雕刻而成的。

據專家推斷，這棵銀杏樹有上千年的樹齡，整座雕像四面相同，共有大手和扇面小手一千零四八只，手姿各不相同，每隻手心都雕有一隻眼睛，民間俗稱「千眼千手佛」。

■大相國寺羅漢殿

　　藏經樓位於整個寺院的後半部，是大相國寺最高的建築。藏經樓高大雄偉，氣勢不凡，其垂脊挑角處皆飾以琉璃獅，且下懸風鈴，風吹鈴響，如奏編鐘，十分悅耳動聽。

　　藏經樓面闊五間、進深五間，高二十點九八公尺。藏經樓共兩層，上為藏經庫，下為講經堂。

　　藏經樓前有站台一方，樓門前置石獅一對。講經堂懸名家書畫，置古典式紅木坐椅，環境古樸典雅。講經堂檐下所懸篆書匾額「藏經樓」，白底黑字，結構嚴謹，筆力遒勁，為不可多得的匾額書作，相傳為清代書法家孫星衍遺墨。

　　在大相國寺寺內東角有個鐘樓，鐘樓內懸銅鑄巨鐘一口，為公元一七六八年所鑄，高兩公尺多，重五千多公斤。鐘上鑄有「皇圖鞏固，帝道遐昌，佛日增輝，法輪常轉」十六字銘文。

據傳說，每日四更大相國寺寺鐘即鳴，人們聽到鐘聲就紛紛起床上朝入市。雖經風、雨、霜、雪從不間斷。每當清秋霜天時擊撞此鐘，鐘聲悠揚，傳得最遠，故「相國霜鐘」聞名遐邇，成為開封八景之一。

【閱讀連結】

傳說，古代有一位明君，身患重病，敵國趁機進犯，舉國不安，而眾醫又久治不癒，形勢十分危急。有一個仙人下凡，路過此地，指點說只有親人的雙手雙眼作「藥引子」，才能治癒國王的病。

國王的三公主深明大義，毅然為父王獻出了生命。佛祖深為感動，特封她為「千手千眼觀音」，專為萬民除災解難，百姓擁戴三公主，為其塑金身，香火不斷。

亂世中千古名寺再遭厄運

清朝早中期，由於各位皇帝鼎力推崇，大相國寺再次走向輝煌，不僅世代有高僧湧現，還有大量文物珍藏。但到清末，曾屢興屢廢的大相國寺再次遭遇了厄運。

在清朝時期的主要高僧如：

明昆和尚，字玉峰，他在康熙年間被朝廷任命為大相國寺方丈。明昆深明佛理，擅長書畫。

充裕和尚，字有知，他在乾隆年間被朝廷任命為大相國寺方丈。

明慧和尚，字智圓，法號迂塵。明慧和尚與名士交流廣泛，他曾在嘉慶年間著有詩文及遊記語錄等稿，名叫《迂食》。

本空和尚，字淨塵，幼年因病出家在曹門內關帝廟。本空和尚精通佛教經典，酷愛繪畫，他在晚年時期做了大相國寺的監院。

大相國寺內佛像

■光緒畫像

■光緒（公元一八七一年至一九〇八年），本名愛新覺羅‧載湉，他直到十八歲時才得以親政，實際大權仍掌握在慈禧太后手中。後來，光緒帝啟用康有為和梁啟超等進行維新變法，但最終因慈禧太后為首的保守派的反對而失敗。

續均和尚，字學林，出家於河北魯岡集能仁寺。戒律精嚴，秉性慈祥，曾任大相國寺座僧，公元一九二四年坐化於寺院大殿前西廊，時年九十二歲。予升和尚在清光緒年間任大相國寺方丈，曾募捐修葺大雄寶殿。

清代大相國寺繁華時，曾存有大量的佛像、經籍、碑刻、書畫、瓷器、木器、古玩和絲繡等文物珍品，只可惜由於兵火水患的侵擾，許多寺藏文物不知所終。

針灸銅人始於公元一〇二七年宋仁宗詔命翰林醫官王唯一所製造的針灸銅人，其高度與正常成年人相近，胸背前後兩面可以開合，體內雕有臟腑器

官，銅人表面鏤有穴位，穴旁刻題穴名。同時以黃蠟封塗銅人外表的孔穴，其內水肉。如取穴準確，針入而水流出；取穴不準，針不能刺入。

當時的寺藏文物，除前面介紹到的四面千手千眼木雕觀世音巨像、銅製巨鐘、針灸銅人外，還有以下主要珍品：

羅漢殿中心亭頂的賓瓶是乾隆年間重修大相國寺寺院時放到羅漢殿頂上去的。賓瓶裡面存放有佛像、經卷、僧衣、念珠及零星珍寶銀銅牌多件。

阿思哈碑鑲於大相國寺丙配殿山牆。清朝阿思哈《重修相國寺並建行館小記》字存碑。碑高一公尺多，寬兩公尺多，計三十五行，每行二十七字。

在公元一八四一年黃河再次決堤時，開封城內水深丈餘，大相國寺寺內建築又一次遭到嚴重損毀。從此，這座千年古寺一蹶不振。

清末至公元二十世紀早期，大相國寺的僧人們即使不募捐，也還是有很多人願意捐錢獻地，以求菩薩保佑平安。依靠這些錢財，大相國寺不但翻修了羅漢殿，修葺山門和牌坊，還在寺院大殿兩側新建四十八間門面房，租給商家，收取租金。

後來，大相國寺又修建了馬道街市房、寺內兩廊市房、寺前街市房和魚池街市房等。據寺史《相國寺》記載：「時大相國寺每月房租收入逾兩千大洋」，且「每年南鄉供糧，西鄉供柴，寺僧終歲吃著不盡」。

後來，大相國寺雖改設為中山市場，但開封民眾仍習慣上延稱其為相國寺，只不過此時的相國寺不再是佛家的寺院，而成了一個地理上的名稱。

■大相國藏經樓

　　其實，大相國寺的大雄寶殿和天下其他寺院的外形並無不同之處，所不同的只是懸掛在大相國寺大雄寶殿殿內房柱上的那一副頂天立地的楹聯。

　　汴梁自古繁華，溯信陵卜宅，天保建寺，唐宋迄今，香火因緣歷劫盛；

　　佛法西來微妙，算白馬馱經，達摩面壁，東南遙望，金輪輝映萬家春。

　　正因為這楹聯，昭示大相國寺非同凡響的歷史根基和發展歷程，其脈絡貫通與神意交融的因緣關係，揭示其從令四海豪杰心儀的英雄故宅到天下仰慕的皇家寺院，再到後來的中山市場的興衰與滄桑歷史。

【閱讀連結】

　　中華人民共和國成立後，依循古制，幾度維修，寶剎重光，再現輝煌。如今的大相國寺，不僅以它古往今來的盛名為人們所嚮往，而且成了開封元宵觀燈，重陽賞菊，盆景觀賞，花鳥魚博覽及各種文化娛樂中心之一，每天都吸引著成千上萬的中外遊人前來參觀。

大相國寺建築宏偉，高僧輩出，聞名遐邇，吸引著眾多的中外僧侶和使者前來參拜和切磋佛法。尤以唐宋為盛。其中突出的人物有日本真言宗的開山祖師弘法大師空海，於公元八〇四年曾居於大相國寺。

　　他學問淵博，且精通漢文，參照中國草書偏旁，創立了日文字母「平假名」，並作《伊呂波歌》傳世，對中日文化交流起了重要作用。現大相國寺設有「空海大師堂」，公元一九九二年由日本愛媛縣集資鑄空海銅像一尊，安放寺內大師堂。

峨眉第一寺　報國寺

　　峨眉山報國寺位於四川峨眉山麓，是公元一六一五年由明光道人募捐建造。寺院坐西向東，朝迎旭日，晚送落霞。前對鳳凰堡，後倚鳳凰坪，左瀕鳳凰湖，右挽來鳳亭，恰似一隻美麗、吉祥，朝陽欲飛的金鳳凰。

　　報國寺寺周楠樹蔽空，紅牆圍繞，偉殿崇宏，金碧生輝，香煙裊裊，磬聲頻傳。這裡是峨眉山的第一座寺廟，是峨眉山佛教協會所在地，也是峨眉山佛教活動的中心。

▋因康熙御題匾額而揚名天下

　　公元一六一五年，明光道人用募捐所得錢財，在伏虎寺右的虎頭山下，在與伏虎寺隔溪相對的地方，開始修建寺廟，寺廟修建成功後，取名為「會宗堂」。

■老子本名李耳，是中國古代偉大的哲學家和思想家、道家學派創始人，被唐朝帝王追認為李姓始祖。老子是世界文化名人，存世有《道德經》，其作品的精華是樸素的辯證法，主張無為而治，其學說對中國哲學發展具有深刻影響。在道教中老子被尊為道祖。

在寺院的山門前，有一對雕刻的石獅，守護著這座名山寶剎。

寺中供奉著普賢、廣成和楚狂三位仙人，是取三教會宗之義，因此將寺廟取名為「會宗堂」。會宗堂的建立，說明峨眉山儒、釋、道三教的融洽。

據傳說，三位仙人與峨眉山都有關聯。佛教裡的普賢菩薩，他的道場在峨眉山；道教裡的神仙廣成子，他是道家學派創始人老子的化身，曾在峨眉山授過道；儒教的代表是楚狂，楚狂名叫接輿，和春秋儒家創始人孔子同時代，楚王曾請他去做官，他卻裝瘋不去，後來隱居在峨眉山。

儒教是中國傳統的國家宗教，也是中國傳統文化的神經和靈魂。儒教以春秋末期的思想家和教育家孔子為先師，倡導王道德治、尊王攘夷和上下秩序。由於中國傳統文化綿延，儒教在數千年的演變中不斷地得以發展。

■孔子（公元前五五一年至公元前四七九年），春秋末期的思想家和教育家，儒家思想的創始人。孔子集華夏上古文化之大成，在世時已被譽為「天縱之聖」、「天之木鐸」，是當時社會上的最博學者之一。他被後世統治者尊為孔聖人、至聖、至聖先師和萬世師表，被聯合國教科文組織評選為「世界十大文化名人」之首。

　　在那時，寺中有明代大瓷佛、華嚴銅塔和大鐘。在七佛殿後，有一座明代時期在江西景德鎮燒製而成的大瓷佛像，高兩公尺多，形態生動大方，佛像底座為千葉蓮花，佛身披著千佛蓮衣，暗含「一花一世界，千葉千如來」的佛像經義。這尊瓷佛體量高大，比例均稱，線條優美，光彩熠熠。

　　坐落在大雄寶殿後面平台上的華嚴銅塔又叫「紫銅華嚴塔」，是銅塔中的珍品。華嚴銅塔鑄造於明代時期，高七公尺，塔身分上、下兩部，每部各鑄七層樓閣，全塔共分十四級。塔身鑄有四千七百多個各具神態的精美小佛像，塔周刻有《華嚴經》全文，故名「華嚴塔」。華嚴銅塔鑄工精細，佛像歷歷在目，字跡清晰可見，是中國最大的銅塔。

　　大鐘懸掛在寺內對面小山上的聖積晚鐘亭內，名叫「蓮花銅鐘」，鑄造於明代時期，鐘高二點八公尺，鐘唇直徑二點四公尺，重一萬多公斤，稱為「天府鐘王」。

■報國寺的匾額

　　鐘體上鑄造了晉、唐以後歷代帝王和與峨眉山有關的文武官員及高僧名諱，有捐贈鑄造銅鐘的信眾姓名，並刻有《阿含經》經文和佛偈，以及刻有《洪鐘疏》銘文等，共六萬多字。

　　銘文又稱金文、鐘鼎文，銅器研究中的術語。本指古人在青銅禮器上加鑄銘文以記鑄造該器的原由、所紀念或祭祀的人物等，後來泛指在各類器物上特意留下的記錄該器物製作的時間、地點、工匠姓名、作坊名稱等的文字。

大鐘原掛在聖積寺，聖積寺毀後，大鐘才移至此寺。因聖積寺銅鐘的鐘聲清越，遠播數里，迴蕩於山林曠野之間，使人頓忘俗念，所以有詩寫道：

晚鐘何處一聲聲，

古寺猶傳聖積名。

縱說仙凡殊品格，

也應入耳覺心清。

聖積寺古名慈福院，位於峨眉城南二點五公里處，為入山第一大寺，環境幽古。寺內文物眾多，以普賢騎象銅像、八卦銅鐘和銅塔等最著名。

因而大鐘又名「聖積晚鐘」。

在清朝順治期間，聞達和尚將會宗堂遷到後來的峨眉山山麓，並重建了會宗堂。後又經兩次擴建，成為五重殿宇、亭台樓閣俱全、布局典雅的宏大寺廟。

公元一七〇三年，清朝康熙皇帝根據佛經「四恩四報」中「報國主恩」之意御題「報國寺」，然後由大臣王藩手書匾額。

據傳說，報國寺在叫「會宗堂」時，寺裡的和尚都是姓乾的出家人。其中，俗名乾林州的和尚，聰明好學，口齒伶俐，深受長老賞識，長老就賜給他法號「得心」，安排他管理一些佛事，並准許他去藏經樓閱讀經書。

要是在以往，按規定別說在藏經樓裡翻閱經書，就是每次借閱也只能一本，而且還要還了才能再借。但長老恩準得心可進藏經樓隨便翻閱，可見長老對得心的器重。得心不負長老厚望，很快便把藏經樓的經書爛熟於心了。

有一天晚上，做完晚間佛事，長老剛剛回禪堂坐下，得心小和尚就走了出來，不停地誇讚道：「師父治廟有方，全寺人財興旺，廟壁輝煌，處處丁是丁，卯是卯，敬香者千千，朝佛者萬萬，隨喜功得，開支不竭，前景輝煌。」

■報國寺的鐘樓

　　長老想這些年間本寺變化確實很大，不僅藏經樓的經書多了幾倍，廟上的存錢也不少。長老特別開心，就想與其把錢存著，倒不如把會宗堂裝修一番，弄得富麗堂皇些，再請皇上題個廟名，這會宗堂不就流芳百世了嗎？

　　不到一年，會宗堂果然煥然一新。長老親筆起草，向康熙皇帝稟報了會宗堂的人事和佛事，並特別說明了會宗堂的興旺發達是因為在這裡出家的和尚一直都是乾姓人家的緣故，且香火繁盛有加，請皇上御題「會宗堂」三字。

　　康熙皇帝收到長老信函時，他正好在翻閱《岳飛傳》，便說：「你看，一個老嫗都知道教兒子報效祖國，我們還在那兒『會宗』！」

　　《岳飛傳》是北宋抗金名將岳飛在宋金戰爭中的英雄故事，從而展現岳飛精忠報國、壯志未酬的英雄氣概，令中華後人萬分景仰。

內務大臣接過《岳飛傳》，果然有岳母在岳飛背上先寫「盡忠報國」四個字，然後用繡花針炙，刺完將醋墨塗上，這樣永遠不褪色的一段，便笑道「請皇上御題一名，也不辜負老僧心願。」

果然在一月後，長老收到康熙題寫的「報國寺」三個字，字體蒼然遒勁，瀟灑自如，墨色蒼潤，灼灼閃光，字字傳神，耐觀耐賞。為啥不是「會宗堂」三字呢？長老疑惑不解，面帶微笑，心裡不悅。

之後不久，長老收到朝廷內務大臣的來函。信函說：

這寺廟怎能以一姓出家為僧，一國都要以百姓為家；若如此，全國寺廟效之，豈不使百姓之間呈現內拱狀？

■岳飛塑像

從此，報國寺收僧不再講究姓氏，凡是對佛虔誠，願意皈依佛教的皆可收下。這樣一來，由於康熙御題「報國寺」匾額的事，報國寺從此名揚天下。

在後來，報國寺歷經數次修葺，寺院得以完整保存下來。公元一九八三年，峨眉山的報國寺、萬年寺、洪椿坪、洗象池和金頂等五座寺院被中國國務院確定為全國重點寺院。報國寺成為峨眉山的第一大寺院。

後來，報國寺又新建了鐘樓、鼓樓、茶園和法物流通處，使報國寺更加莊嚴。寺內還設有峨眉山文物管理所，收藏各種陶瓷玉石、文獻字畫、金屬器皿和戰國時代出土的各種兵器和工器等。

【閱讀連結】

公元一九六〇年，時任中國佛教協會副會長兼祕書長的趙樸初先生，在峨眉山佛教協會會長普超法師等人的陪同下，先後去了報國寺和萬年寺等中低山寺廟，瞭解古剎管理、佛教活動和僧尼生活等方面的情況。

在這次視察中，趙樸初先生對峨眉山佛教工作和旅遊事業的現狀甚為滿意，對這座天下名山雄秀奇險、氣象萬千的景色備加讚譽，不禁吟詩多首，並以一詞作尾道：「天下秀，低首讓峨眉。極處趙州登不到，我今亦復半山回，此意幾人知？」

▌雄偉的殿宇與精美的塑像

報國寺占地面積四萬平方公尺，建築面積達五千六百多平方公尺。殿宇結構自然和諧，依次是山門、彌勒殿、大雄寶殿、七佛殿和藏經樓，殿堂倚山勢而建，一殿高出一殿。

報國寺的建築為框架式結構，庭院式布局。殿堂的兩側有僧寮客舍，周圍環繞著吟翠樓、待月山房、花影亭和七香軒等庭院園林建築，布局嚴謹。

■報國寺建築

報國寺山門是後來按原貌重建的，面闊五間，高十二公尺，三疊屋頂，飛簷翹角。山門正中間門上懸掛有清康熙皇帝御賜的「報國寺」三字匾額，兩邊楹聯為：

　　鳳凰展翅朝金胭；

　　鐘聲頻聞落玉階。

　　左右兩側的橫匾是：

■報國寺釋迦牟尼佛像

　　鶴駐雲歸；

　　普放光明。

報國寺第一殿為彌勒殿，殿內供奉一尊喜笑顏開、袒胸露腹、高約兩公尺的彌勒塑像。「彌勒」是慈悲的意思，他是菩薩，但還沒有成佛。菩薩在佛教中的地位僅次於佛。

菩薩指開發大智、大慧、大悲和大願的有德行、有學養的人。是協助佛傳播佛法，救助眾生的人物。菩薩在古印度佛教中為男子形象，流傳到中國後，隨著菩薩信仰的深入人心，及其對世人而言所具有的深切的人情味，便逐漸轉為溫柔慈祥的女性形象。佛教雕塑中，菩薩多以古代印度和中國的貴族的服飾裝扮，顯得特別華麗而優雅。

彌勒後殿供的是彩繪泥塑的韋馱站像，背朝山門，面對大雄寶殿。韋馱是佛教的護法神，身穿冑甲，右手托山，左手按金剛降魔杵，修眉鳳眼，雙唇緊閉，威武剛強，正氣凜然。

報國寺第二殿為大雄寶殿，「大雄」是佛經中說的「唯大唯雄」的意思，殿裡供奉著佛祖釋迦牟尼金身彩飾坐蓮像，兩旁排列十八羅漢像。

釋迦牟尼是公元前六世紀後期印度迦毗羅衛國釋迦部落淨飯王的兒子，俗稱喬達摩，名悉達多。由於那時社會的動盪和人的生、老、病、死等種種痛苦和煩惱，引起了他的深思，他因而出家修行，尋求解脫。經過六年的苦行，他嘗盡了千辛萬苦，最後又經過七天七夜的禪思靜慮，終於徹悟大覺，成了大佛。

釋迦牟尼佛的左龕是泥塑彩繪金身文殊菩薩像。文殊全稱為「文殊師利」，意為妙德、吉祥。他是眾菩薩之首，是智慧的化身，常協同釋迦牟尼宣講佛法。他和普賢菩薩一起，為釋迦牟尼佛的左右脅侍菩薩。

文殊菩薩像旁邊有副聯語：

智鏡高懸施法雨；

慧燈遍照應群機。

這是把「智慧」兩字嵌入聯中，意思是文殊菩薩用智慧潤澤眾生。

脅侍菩薩指修行層次最高的菩薩，其修行覺悟僅次於佛陀或等同於佛陀。在沒有成佛前，常在佛陀的身邊，協助佛陀弘揚佛法，教化眾生。

釋迦牟尼佛的右龕是地藏菩薩金身坐蓮像。地藏菩薩梵名「乞叉底蘗沙」，譯為地藏，佛經中說地藏菩薩受釋迦牟尼佛的囑託，要在釋迦牟

■地藏菩薩或稱地藏王菩薩，因其「安忍不動如大地，靜慮深密如祕藏」，故名地藏。為中國佛教四大菩薩之一，與觀音、文殊、普賢一起，深受世人敬仰。

尼佛圓寂後，彌勒佛降生前的無佛之世留住世間，教化眾生，度脫沉淪於地獄的餓鬼與畜生諸道中的眾生。他發誓：「地獄未空，誓不成佛。」

在地藏菩薩旁邊有副對聯讚頌了他度脫沉淪的堅定決心與偉大精神：

聖願宏深，欲使出冥清罪案；

迷途覺悟，難教沉溺負慈恩。

大雄寶殿殿內左右兩廂供奉著十八羅漢。十八羅漢是釋迦牟尼佛的得道隨行弟子。後龕內供的阿彌陀佛像，阿彌陀佛又稱「接引佛」和「無量壽佛」，是西方極樂世界的教主。

此外，大雄寶殿裡還保存有紫銅華嚴塔。陳列有歷代著名書畫家的書畫，如元代著名畫家趙孟頫的條幅，還有後來著名畫家徐悲鴻的花鳥、齊白石的芋頭、張大千的墨禾、日本人松濤的山水畫作等，都獨具風格。在大雄寶殿右面陳列室展出有峨眉山附近如符溪、雙福等地出土的春秋戰國時期的銅器、銅矛、銅鏃兵器等文物。

報國寺的第三殿為七佛殿，高大宏偉，內外木石雕刻精巧細膩，石欄上雕刻的人物和柱礎上的透雕，生動美觀。

七佛殿內正中供奉著七尊大佛，都是泥塑丈六金身，端坐蓮台，神態莊重。中間一尊為釋迦牟尼佛，其餘六尊為過去佛，從右至左依次為：南無拘留孫佛、南無拘那含牟尼佛、南無迦葉佛、南無毗舍佛、南無尸棄佛和南無毗婆尸佛。

■阿彌陀佛又稱無量清淨佛、無量光佛和無量壽佛等，是佛教中在西方極樂世界的教主，
　與觀世音菩薩、大勢至菩薩統稱為西方三聖。

　　七佛皆盤腿坐蓮台，體態勻稱，莊嚴肅穆，乍一看似乎形態都一樣，細細審視，表情各有變化，唯肖唯妙。

■四川峨眉山大象

　　佛教造像中，還很講究手的刻畫和塑造。手有各種姿勢，佛教稱為「印相」。其中釋迦牟尼佛右手舉至胸前，拇指與中指相捻，其餘三指自然舒展。這一手印象徵佛在說法，稱為「說法印」。

　　其他六尊佛的雙手，仰放下腹前，右手置於左手上，兩拇指的指端相接。這種手印則表示「禪思」，使心安定，叫「法界定印」。體態、手勢和面部表情，都體現了佛的智慧、人格和道德皆完美無缺與至高無上。

　　在七佛蓮台下，還塑畫著一些類似「小鬼」的像，說是有兩種解釋：

　　其一，蓮台又稱「金剛座」或「須彌座」，意思是佛的法座像「須彌山」那樣高大、堅實，座下塑造的是「金剛力士」，肌肉發達，面部猙獰，對邪惡能起震懾作用。

　　其二，釋迦牟尼佛在度「六道」時所拯救出來的餓鬼，為了報答佛恩而蹲在金剛座下，聽經護座。

　　六道為佛學術語，指有情生活、輪迴於其中的六個界別，即：一、天道，二，阿修羅道，三、人道，四、畜生道，五、餓鬼道，六、地獄道。無論善惡，一切處於分段生死的眾生，都在這六道中輪迴。

　　在七佛殿左壁上掛有「七佛偈」的木屏四條，是北宋著名詩人和書法家黃庭堅的書法作品。

　　在七佛殿後，以觀音菩薩塑像為主，結合歷史故事和民俗文化，塑造了一組群像。觀音又叫觀世音，與大勢至菩薩一起，是阿彌陀佛的脅侍菩薩。

　　佛經上說，觀世音菩薩能顯現多種化身，說法救度眾生。他右手舉著柳枝，左手傾倒淨瓶，婷婷玉立龍頭之上，左右金童玉女，飄然立於荷葉之上。

　　金童指侍奉仙人的童男。按道教的說法，凡神仙所居洞天福地，皆有金童玉女伺候。所謂金童玉女，就是指道家說的供仙人役使的童男童女。

　　金童旁是戒裝裹身的三國時期蜀國名將趙子龍的塑像。再旁邊為東、南天王，手執著琵琶和寶劍。玉女旁是美髯飄拂的三國時期蜀國名將關雲長。再旁邊為西、北天王，分別執傘和握蛇。

　　另外還有「羅漢伏虎」、「蒲公採藥」等塑像，其中最高處是「唐僧師徒取經像」。

　　群像右側還有一龕，供奉漢白玉雕刻的藥師佛坐蓮像。藥師佛又稱大醫王，他是「東方淨琉璃世界」的教主。

　　相傳他在成佛時曾發下十二大誓願，願除一切眾生疾苦，治無明痼疾，令一切眾生身心安樂。

■峨眉山金頂四面佛

在七佛殿附近，除聞名遐邇的紫銅華嚴塔外，還有銅製巨鐘一個和大瓷佛像一尊，它們都是報國寺最珍貴的文物。

報國寺的最後一殿是藏經樓，又名普賢殿。普賢殿樓前懸掛有「藏經樓」三字匾額，為清末詩人趙熙手書。殿中供奉著普賢菩薩。

趙熙（公元一八六七年至一九四八年），世稱「晚清第一詞人」。他精於寫詩，擅長書法，也喜歡作畫，還時常寫些戲詞，深受百姓喜愛。直到現在，在四川民間仍流傳有「家有趙翁書，斯人才不俗」的諺語。

普賢菩薩梵語為「三曼多跋陀羅」，就是普遍賢善的意思。普賢因廣修「十大行願」，又稱「大行願王」。「願」就是指理想，「行」就是指實踐。

報國寺美景

峨眉山是普賢菩薩的道場，所以將他供於最後一殿。普賢殿殿門上寫著：

金粟莊嚴便是菩薩住處；

曇花燦爛照徹納子愛心。

普賢殿樓上為「藏經樓」，是保存經卷的地方。樓中藏有佛教經典和古今名人的墨跡。

【閱讀連結】

傳說清朝順治皇帝出家當了和尚，他的兒子康熙派人四處尋找父親。在公元一七〇二年時，康熙欽派大臣葛哈齊、頭等侍衛海清、乾清門頭侍衛五哥、兵部員外郎德其內等人，到峨眉山報國寺降香，並頒賜皇帝御書匾聯與經器。

相傳後來康熙皇帝還裝扮成四大臣的「隨從」親自來峨眉山尋找父親。見峨眉山報國寺一帶景色秀麗，如世外桃源，康熙當時深感「會宗堂」應繼續發揚光大報效國家，便特意親題了「報國寺」金字匾額。

▌名人足跡和楹聯使寺院增輝

在中國眾多名寺中，峨眉山報國寺的寺廟文化可謂獨樹一幟，特別是 既數量龐大，又極具哲理性和藝術性，實為中外罕見。

在報國寺彌勒殿殿門上有一副對聯：

看他皤腹歡顏，卻原是菩薩化相；

願你清心滌慮，好去睹金頂祥光。

這副對聯的作者遍能法師是位高僧，他通經律，能詩詞，善書藝。上聯中的「他」即彌勒殿裡供著的彌勒佛。傳說五代時名叫契此的布袋和尚就是彌勒佛的化身，所以聯文說他是「菩薩化相」。下聯則祝願遊人滌淨心中的愁煩，高高興興地登上金頂觀賞報國寺的吉祥之光「佛光」。

在彌勒殿左側有一座船形小亭名叫「花影」，是遊人品茗小憩的好地方。花影的亭柱上有一副對聯：

茶鼎夜烹千古雪；

花影晨動九天風。

此聯出自元代詩人黃鎮成《遊峨》一詩：

峨眉樓閣現虛空，

玉宇高寒上界同。

茶鼎夜烹千古雪，

花幡晨動九天風。

雲連太白開中夏，

日繞重圓宅大雄。

師去想無登涉遠，

■ 彌勒佛像布袋和尚

只應飛錫驗神通。

後來書畫大師劉雲泉先生書寫此聯時，將原詩中的「花幡」改為了「花影」，與此亭的名稱相切。雖一字之變，卻使上下聯的意義更諧和，意境更完美，格調更高雅。

花影亭旁是花環溪繞的暖閣「五香軒」。佛經《瓔珞經》說：五香即戒香、定香、慧香、解脫香和解脫智見香五種清香。

還有一種說法是，佛教密宗在築壇講經的時候，要將檀香、沉香、丁香、鬱金香和龍腦香五種名貴的香料，埋藏在壇台的地下，以表示佛地的莊嚴。

在五香軒的門楣上有一副對聯：

■峨眉山報國寺石刻

我奉雪山為贈品；

君收雲海作詩聲。

聯文作者趙熙是清光緒進士，曾任翰林院編修和江西道監察御史。趙熙擅長詩詞書畫，生前寓居峨眉山中長達二十一年之久，有《峨眉詩草》等傳世。

翰林即文翰之林，意同文苑。從唐朝開始設立，初時為供職具有藝能人士的機構，自唐玄宗後，翰林分為兩種，一種是翰林學士，供職於翰林學士院，一種是翰林供奉，供職於翰林院。晚唐以後，翰林學士院演變成了專門起草機密詔制的重要機構，有「天子私人」之稱。在院任職與曾經任職者，被稱為翰林官，簡稱翰林。

公元一九三六年，趙熙陪同他的詩社摯友廈門大學文學院的教授陳石遺暢遊峨眉。在遊覽峨眉山途中，兩人相互唱和，成詩多首。上聯以「我奉雪山為贈品」贈給詩友陳石遺，以示感情的真摯和聖潔。後來，陳石遺曾用《長歌行》一首贈趙熙，所以趙熙就用了下聯「君收雲海作詩聲」回敬這位詩友。

在彌勒殿之後的大雄殿殿門正中有副對聯：

秋月朗清空，五夜山風獅子吼；

菩薩開覺路，千年花雨象王宮。

這一副對聯中的「秋月」引用了唐代詩人李白《峨眉山月歌》中的「峨眉山月半輪秋」的意境。

在古漢語中「五」和「午」是相通的，五夜即午夜。獅子吼比喻佛音洪亮，聲震寰宇。

據禪宗正式燈錄《傳燈錄》記載：釋迦牟尼降生時，一手指天，一手指地，作獅子吼，天上天下，唯吾獨尊！後來佛門弟子以此比喻佛音。

禪宗又名佛心宗攝持一切乘。漢傳佛教宗派之一，始於菩提達摩，盛於六祖惠能，中晚唐之後成為漢傳佛教的主流，也是漢傳佛教最主要的象徵之一。

■李白（公元七〇一年至七六二年），唐朝詩人，有「詩仙」之稱，偉大的浪漫主義詩人。李白存世詩文千餘篇，代表作有《蜀道難》、《將進酒》等詩篇，有《李太白集》傳世。

「覺路」就是佛經中說的正覺之路和菩提之道。「花雨」是佛語「雨曼陀羅華」的略語。佛經《法華經·序品》說，佛祖講經時，天空中就會降落曼陀羅華、摩訶曼陀羅華、曼殊沙華等五彩繽紛的花兒，散落在佛和眾弟子身上。「象王宮」中的「象王」指的是「普賢菩薩道場」，是對佛的尊稱。

這副聯的大意是說：萬籟俱寂的深夜，峨眉山月銀光四溢，風濤陣陣，好像是佛祖發出的宏大聲音，講得頭頭是道，妙不可言。

在大雄殿右邊的，是報國寺僧人的食堂五觀堂。五觀堂門前有副對聯：

溪聲便是廣長舌；

山色豈非清淨身。

這對聯是北宋文學家蘇東坡所撰，四川的書法家陳希仲先生書墨。「廣長舌」是佛的妙相。據古印度民間傳說：凡是舌頭能蓋過鼻尖的人不會說謊，不打妄語。因此，婆羅門教徒心悅誠服地皈依了佛門。

婆羅門是祭司貴族。主要掌握神權，占卜禍福，壟斷文化和報導農時季節，在社會中地位是最高的。為了維護種姓制度，婆羅門僧侶宣揚，把人分為不同種姓完全是神的意志。

「清淨身」是從《華嚴經》中引出來的，說佛身是清淨光明的，是一塵不染和光明普照的象徵，故簡稱為「清淨身」。

蘇東坡用「廣長舌」和「清淨身」作比喻，藉以表達自己對佛理的頓悟和理解。陳希仲先生集詩為聯，書贈報國寺，以描繪峨眉山的山色溪聲之妙。

大雄殿的左側為客堂，客堂橫額名「梧亭待月」。傳說，當年著名書畫家廖平曾在此夜宿，撰成一聯：

■蘇東坡（公元一〇三七年至一一〇一年），名蘇軾，北宋文學家、書畫家。他一生仕途坎坷，學識淵博，天資極高，詩文書畫皆精。著有《蘇東坡全集》和《東坡樂府》等。

黃帝六相說詩易；

雷公八篇著春秋。

聯中的「黃帝六相」，說的是傳說中的黃帝有六位大臣，名蚩尤、大常、奢龍、祝融、大封、后土，為他分別掌管天地和四方。

■王羲之（公元三一三年至三六一年），中國東晉書法家，有書聖之稱。其子王獻之書法亦佳，世人合稱為「二王」。此後歷代王氏家族書法人才輩出。

「詩易」指《詩經》和《易經》。所謂「雷公八篇」則說的是雷公與黃帝和岐伯一起討論醫學病理後，編纂了《黃帝內經》。這著述按唐代王水注

本共為二十四部八十一篇。《春秋》相傳為孔丘依據歷史整理改編而成的寓褒貶於史實記敘的史書。

全聯大意為：黃帝因事設職，任人唯賢，量才錄用，因而政通人和，世治民安，是值得借鑑和讚許的。雷公幫助黃帝寫出了中國最早的醫學文獻《黃帝內經》，奠定了中國醫學理論的基礎，很值得載入史冊，以便讓子孫後代傚法和懷念。

黃帝是華夏始祖之一、人文初祖，中國遠古時期部落聯盟首領，他以統一中華民族的偉績載入史冊。

雷公又稱雷神或雷師，是中國古代神話傳說中的司雷之神，道教奉他為施行雷法的役使神。傳說雷公和電母是一對夫妻，能辨人間善惡，代天執法，擊殺有罪之人，主持正義。

在客堂中還有一聯，使人讀之無不因風而舞，瀟灑飄逸：

臥南浦雲，詠西江月；

踏東山屐，開北海樽。

此聯是清代中期詩人夏金陽撰文並書，其書法效仿魏晉大書法家王羲之和王獻之，但一點都不拘泥。

聯意是說：身居峨眉山，好像舒舒展展地祖臥在「南浦雲」之上，讓我們舉杯開懷暢飲，再哼著《西江月》，腳踏木屐，遨遊在峨眉之巔吧！

在這客堂之中，還有兩位名家留下了兩副名聯：一是中國著名書法家于右任於公元一九三五年夏天書贈報國寺方丈果玲和尚的：

立身苦被浮名累；

涉世無為本色難。

在報國寺講經說法的法堂堂中有副對聯，為圓瑛大師所題：

翻經留作將來眼；

問法先空現在心。

圓瑛大師法名宏悟，別號韜光，又號一吼堂主人、三求堂主人。他得法於寧波七塔寺慈運，傳臨濟正宗第四十世，後又得法於福州雪峰寺達本，傳曹洞正宗第四十六世。他歷任多家名剎方丈，並於公元一九五三年出任中國佛教協會首任會長。

　　此聯是圓瑛大師在抗日戰爭爆發後，來峨眉普賢殿所作。圓瑛大師在上聯中說：研讀佛學的經典著作，最重要的在於開闊眼界，不拘泥於陳舊的認識，運用事物的發展規律，展望未來的大千世界。下聯說的則是學習認識一切事物的發展規律，首先要持「無我」和「變異」的觀點，從自身做起，從現在做起，無始無終地堅持下去。在七佛殿的佛龕上有一副對聯，上下聯文共六字：

■峨眉山銅鼎

一合相；

兩足尊。

這是全國最短的楹聯之一，但內容深奧意遠，主要意思是說：釋迦牟尼是人類世界的聖人和賢哲。

【閱讀連結】

在峨眉山報國寺的七佛殿與普賢殿之間，有一座平屋，其正門額下有聯文：「雪濤眉下湧；雲海望中收。」為中國前國防部長張愛萍將軍公元一九八〇年所書。

張愛萍是四川人。他早年參加革命，戎馬關山，馳騁萬里，而今回到久別的故鄉，暢遊峨眉之勝，登臨金頂，極目欣欣向榮的天府平原，張愛萍不禁吟誦起郭沫若《飛越秦嶺》的詩句來，並擇其兩句以抒寫他熱愛家鄉、熱愛父老的深情。

張愛萍的書法，以中鋒為主，恣意開張，枯榮有致，虛實相輔，毫無酒後癲狂、齋素清瘦之感，而是金戈鐵馬，旌旗浩漫，錚錚有聲。

京西小故宮　北京萬壽寺

　　北京萬壽寺位於北京市西直門外西北三點五公里處的蘇州街東北側，即明清時的長河廣源閘西側，是一處清幽、肅穆的皇家廟宇。據史記載，北京萬壽寺創建於明代萬曆年間，後歷經明清皇朝的多次大規模興建。

　　北京萬壽寺不僅形成集寺廟、行宮和園林於一體的皇家佛教聖地，還是清代皇家祝壽慶典的重要場所，因而獲得了「京西小故宮」的美譽。

▌明代時為儲藏佛經而創建

　　據傳，萬壽寺始建於唐代，稱「聚瑟寺」，但其歷史沿革無可稽考。而真正使其迸發出歷史光華的，則是源於對佛教經典的傳播。

　　據明代文人沈德符撰筆記《萬曆野獲編》記載：明代永樂年間，明成祖永樂皇帝在今東城區景山東側的嵩祝院設置番經廠與漢經廠，專司刻印和收藏佛教番、漢經卷。

■萬壽寺正門

這裡的番經來自烏思藏，烏思藏是元、明時對前藏、後藏以及錫金和不丹等地的統稱。番經廠專門印刷僧人用的蒙文、藏文和天竺文等西方梵貝經卷；漢經廠專印和尚用的漢文釋家諸品經卷。

　　番經廠每遇皇帝生日、元旦等，都要在英華殿內做佛事，戴番僧帽，穿紅袍、黃領、黃護腰，還要鳴鑼鼓，吹海螺等法器，贊唱經咒等。漢經廠則唸誦釋家諸品經，也戴僧帽，穿袈裟。番經、漢經兩廠歷經數朝，因年久失修，殘破坍塌，大部傾毀。

■明穆宗（公元一五三七年至一五七二年），本名朱載垕，在位六年，他實行革弊施新的政策，並正式開放邊境市場，開展貿易活動。他還加強了漢蒙兩族人民的團結，自此以後近百年中，雙方再未爆發大規模的戰爭。但由於他沉迷媚藥，導致其後來不理朝政，英年早逝。

到了隆慶年間，明穆宗隆慶皇帝曾命司禮監對番、漢經廠進行修葺，但工程未完畢，明穆宗便去世了，慈聖皇太后悲痛之餘下令繼續修葺二廠，並另建處所暫存佛教漢文經典。

據史料載，明神宗之母、慈聖皇太后率先慷慨解囊，出銀萬兩；潞王府以及諸公主、諸嬪妃及朝中各顯貴無不捐資。

公元一五七七年三月，明神宗萬曆皇帝遵從母命，秉承先帝明穆宗即其先父的遺志，命司禮監馮保在京西督建佛寺。馮保率領一班人馬，經過踏勘，選中了「聚瑟寺」這座破敗荒蕪的古寺。

■明神宗（公元一五六三年至一六二〇年），本名朱翊鈞，在位四十八年，是明朝在位時間最長的皇帝。他十歲時即位，由內閣首輔張居正主持萬曆朝新政。親政初期，他勤於政務，不僅平定叛亂，還對外幫助朝鮮擊敗侵朝日軍。但他後期經常罷朝，明朝國勢也日益衰落。

經過一年多的日夜趕建，公元一五七八年六月寺院落成，慈聖皇太后和明神宗親臨萬壽寺內禮佛，並賜名「護國萬壽寺」。當朝首輔大學士張居正奉詔撰寫了敕建碑文，自此，萬壽寺遂成為皇家寺廟，其規模「璇宮瓊宇，極其宏麗」，「幾與大內等」。

■萬壽寺內的《御製重修萬壽寺碑》

　　萬壽寺建成後的布局，張居正所撰《敕建萬壽寺碑文》中有著較為詳細的記載：

　　命司禮太監馮保等卜地於西直門外七里許、廣源閘之西，特建梵剎，為尊藏漢經香火院。

中為大延壽殿五楹，旁列羅漢殿各九楹，前為鐘鼓樓、天王殿，後為藏經閣，高廣如殿，左右韋馱、達摩殿各三楹。修檐交屬，方丈庖湢具列。

首輔是明代對首席內閣大學士的習稱，也稱「首揆」或「元輔」。設置於公元一四〇二年八月，名義上相當於宰相之職，但無宰相之權。明中期後，大學士又成實際宰相稱「輔臣」，嘉靖、隆慶和萬曆初期，首輔職權最重，主持內閣大政。

又後為石山，山之上為觀音像，下為禪堂、文殊、普賢殿。山前為池三，後為亭池各一。

最後果園一傾，標以雜樹，琪株璇果旁啟，外環以護寺地四頃有奇。

法輪妙啟，龍象莊嚴，丹堊藻繪，爭耀競爽。

工始於萬曆五年三月，竣於明年六月……

那時候，張居正是明神宗的老師，又是顧命大臣，此碑文由他撰寫，說明該寺非同一般寺院。此後，萬壽寺多次得到賜田，殿閣、廊廡和方丈規制完備，田莊和果園占地達六十五萬平方公尺。

張居正（公元一五二五年至一五八二年），又名張白圭，中國歷史上優秀的內閣首輔之一，明代最偉大的政治家和改革家。在萬曆初期的內閣首輔任上，他以其非凡的魄力和智慧輔佐萬曆皇帝整飭朝綱，鞏固國防，使奄奄一息的明王朝重獲生機，具有重大的歷史功績。

後來，在萬壽寺鼓樓懸掛著的一口銅鑄巨鐘成為當時寺內的一大勝景，因其鑄造於永樂年間，又是中國最大的青銅鐘，上面刻鑄有《華嚴經》文，所以它素有「永樂大鐘」、「鐘王」和「華嚴鐘」之稱。

據公元一七八八年北京史志文獻《日下舊聞考》記載：

華嚴鐘鑄於前明永樂時，高一丈五尺，徑一丈四尺，紐高七尺，厚七寸，重八萬七千斤。

內外勒楷字法華經一部，字大五分，密如比櫛，乃學士沈度書。

■萬壽寺鐘鼓樓

　　嘉靖間懸於萬壽寺。後言者謂京城白虎方，不宜有金聲，乃徹樓臥鐘於地。

　　華嚴鐘鐘形弧度多變，鑄造工藝精美，為佛教文化和書法藝術的珍品。鐘體內外共鑄佛教經咒十七種，二十三萬字字體工整而勻稱地分布在鐘體各處，全是漢字楷書，古樸遒勁，相傳為明初書法家沈度手筆。

　　據史記載，華嚴鐘鑄好後，最早存放在漢經廠，直到公元一六〇七年才被移入萬壽寺懸掛起來，並為它專門建了一座方形鐘樓，每天由六個和尚專司撞鐘之職。據明代文人蔣一葵記述：

　　晝夜撞擊，聞聲數十里，其聲茲茲，時遠時近，有異它鐘。

　　蔣一葵早年家貧無書，四處借閱，並刻苦抄錄。後來他官至南京刑部主事，著有《堯山堂外紀》、《堯山堂偶雋》和《長安客話》。「其所著撰，琳瑯膾炙人口」，他是當世負有重名的騷人墨士。

華嚴鐘鐘聲悠揚悅耳。輕擊時，圓潤深沉；重擊時，渾厚洪亮，音波起伏，節奏明快優雅。民間傳說，其聲音最遠可傳近五十公里，尾音能長達兩分鐘以上，令人稱奇叫絕。

華嚴鐘在萬壽寺懸掛了二十年左右。但是到了明代天啟年間，因為當時民間傳言「京西白虎方向不宜鳴鐘」而「鍾不復擊，置地上」。所以，到明末時，華嚴鐘已經從鐘樓撤下，閒置在地上了。

白虎為中國古代神話故事中是西方的保護神。與東方青龍、南方朱雀、北方玄武共奉為四大神獸。在中國傳統文化中是道教西方七宿星君四象之一，代表西方的靈獸。白虎代表的季節是秋季。

■萬壽寺琉璃佛

此外，萬壽寺在萬曆年間還興建了一座通高二十二公尺，塔高六層，每層六面，平面為六角形的樓閣式塔，又名「萬壽寺塔」。後來，明代興建的萬壽寺早已不復存在，這座磚塔卻仍然遺存了下來。

隨著時間的推進，萬壽寺香火也日益鼎盛，並逐漸發展成為長河沿岸遐邇聞名的大寺。為解決日益增多的遊僧住所，朝廷又在緊鄰萬壽寺的昆玉河南岸建立萬壽寺下院，即後來的紫竹院。

■萬壽寺內的古塔

　　萬壽寺前的昆玉河古稱長河，蜿蜒迂迴，奔流不息，柳絲低垂，波光粼粼。寺廟前，長河奔流，舊時設有碼頭。每當春末夏初，帝王太后從紫禁城走水路到頤和園避暑，均在此駐蹕下船稍事休息。

　　明代時期，北京城的水陸交通十分發達，城內外湖泊毗連，河道縱橫，從紫禁城可以直接通航至西郊的昆明湖，有筒子河和護城河環繞皇城、京城內外河水相連，碧波蕩漾，使北京這座帝王之都在威嚴氣度之外，又增加了幾分秀麗和飄逸。

萬壽寺的藏經樓

幾年後，東城嵩祝院的番經廠與漢經廠修葺完畢，萬壽寺內所藏經版、經卷全部移歸經廠。而寬闊壯麗的宮殿和風光旖旎的園林則吸引了皇室成員的青睞，萬壽寺遂逐漸成為明代帝后遊覽昆明湖途中用膳和小憩的行宮。

【閱讀連結】

傳說，明成祖朱棣晚年潛心撰寫《諸佛世尊如來菩薩尊者神僧名經》共四十卷，二十三萬字。為弘揚佛法，使佛經傳諸久遠，他命人用純銅鑄造華嚴鐘，並將他寫的前二十卷十萬字與其他的漢文佛經一併鑄刻在了華嚴鐘體。

華嚴鐘最為舉世罕見和引人驚嘆之處，莫過於將全部經文二十三萬零一百八十四字，無一字遺漏地均勻鑄滿巨鐘的每一寸表面。據說，是大書法家沈度率京中名士先在宣紙上寫就經文，後用硃砂反印到鐘模上，再由工匠雕刻成凹陷的陰文。

最後以火為筆，以銅為墨，一揮而就這光潔挺秀、見棱見角的金字經文。

清代時是皇家佛教聖地

　　清軍進入北京不久，萬壽寺便因其獨特的地理位置和吉祥嘉瑞的名稱而受到皇室的關注，漸漸成為皇家祝壽慶典的重要場所。

　　公元一六四五年，清世祖順治皇帝欽賜匾額「敕建護國萬壽寺」。公元一六五九年，萬壽寺被火燒燬部分建築。公元一六八七年，清聖祖康熙重建後「前後殿宇九層，莊嚴色相，巍煥如新」。

■萬壽寺的「敕建護國萬壽寺」匾額

■萬壽寺三大士殿

據公元一六九八年《重修藥王殿記》記載，內廷曹白瑛與友人德溥等同遊萬壽寺時的情況為：

殿後閣前，羅漢松七八株，大可兩人合抱。青蔭數畝，風搖其顛，響動廊舍，徘徊其下，久久不忍捨去。

《帝京歲時紀勝》為清代文人潘榮陛編撰。全書以月份為綱，從正月起，到十二月止，把一些節令、風俗、古蹟、儀典都囊括在內。內容豐富，文筆雋美。此書屬為清代第一部北京風俗志書，對研究清代北京的社會生活和歲時風物均有重要史料價值。

又據清代文人潘榮陛編撰的北京歲時風土雜記《帝京歲時紀勝》記載：

堂後有假山……山後為無量壽佛殿、三聖殿，又後為後樓。樓前松檜皆數百年物……

公元一七五一年和公元一七六一年，清高宗乾隆皇帝為給其母后操辦六旬和七旬大壽慶典，又先後兩次對寺院進行擴建，將西路改為行宮，萬壽寺後來規模宏大的建築格局便從此確定下來。公元一七六一年十一月，乾隆皇帝御書《御製重修萬壽寺碑文》稱：

我聖母皇太后七秩慶辰適逢斯盛，朕將率億兆臣庶祝嘏延洪，以聖節崇啟經壇，莫萬壽寺宜。

《天咫偶聞》是清代北京風土掌故雜記，共十卷，為清末學者震鈞撰。全書是按皇城、南城、東城、北城、西城、外城東、外城西、郊坰等地區分卷，分別記北京皇宮、官廨、大臣府第、園林、寺廟及諸名勝建置沿革與景觀，每涉一處，兼述有關掌故風俗。

這兩次擴建，在弘揚中國古典園林文化的基礎上，又吸收了西方建築的風格，修葺後的萬壽寺，規模更加宏麗。那時候，由於萬壽寺地處水陸交通要道，是去頤和園的必經之地，乾隆皇帝降旨在這一帶仿江南水鄉蘆花渡風光，修建行宮和碼頭，供船舶停靠，俗名「小蘇州蘆花蕩」。

每當春夏之交，帝王后妃從紫禁城乘船走水路到頤和園避暑消夏，均在此停泊上岸，禮佛進香，稍事休息。昆玉河南岸明代所修萬壽寺下院被更名為「紫竹禪院」，並賜匾「福蔭紫竹院」，紫竹院也由此而得名。

■萬壽寺內的中西合璧門

■慈禧太后（公元一八三五年至一九〇八年），同治帝的生母。她以皇太后身分垂簾聽政或臨朝稱制，為清末時期的「無冕女皇」。生前，外人以「慈禧太后」、「聖母皇太后」、「那拉太后」和「西太后」等稱之。自光緒年間，宮中及朝廷開始以「老佛爺」尊稱她。

公元一八九〇年，萬壽寺毀於樓火，寺內僅存的七八株百年羅漢松也在這場火中化為灰燼。據清末文人震鈞撰《天咫偶聞》記載：

寺極宏麗，大殿後疊石像三神山，舊有七株最有名。光緒庚寅後，樓火，並松具燼。

公元一八九四年，慈禧太后六十大壽，為隆重迎接「萬壽慶典」，光緒皇帝命內務府對萬壽寺行宮進行大規模整修，在西跨院增修千佛閣和梳妝樓。並增修「御碑亭」，戶部尚書翁同龢奉詔撰寫了碑文。

此後，慈禧太后對萬壽寺更加垂青，往來於頤和園與紫禁城之間，途中都要在萬壽寺拈香禮佛，在西跨院行宮用茶點，故萬壽寺又有「京西小故宮」之說和「小寧壽宮」之稱。

　　寧壽宮是清乾隆皇帝為自己退位之後準備的太上皇宮殿。在紫禁城內外東路，全區分前朝、後寢南北兩部分。光緒年間，慈禧太后曾一度住在寧壽宮。

　　公元一九○○年，「八國聯軍」入侵北京，不僅圓明園被火燒，萬壽寺也遭到瘋狂洗劫，後清德宗光緒皇帝再次對萬壽寺重修擴建。建成後的萬壽寺占地三萬餘平方公尺，其深庭廣廈，瓊樓玉宇，雕梁畫棟，極其宏麗。其間曲欄迴廊，御書碑亭，青石假山，古道地宮，蒼松翠柏，錯落有致。

　　寺內分中、西、東三路。其中主體建築在中路中軸線上，自南側山門向北依次為左鐘樓、右鼓樓，然後是七進院落：天王殿、大雄寶殿即大延壽殿、萬壽閣、大禪堂、御碑亭、無量壽佛殿和萬佛樓等，各殿兩側有配殿配房。

　　山門檐下有順治皇帝御賜的「敕建護國萬壽寺」石匾。山門兩側的撇山影壁上的磚雕，雕有九朵蓮花，構圖精細，為不可多得的藝術精品。

　　兩側齊胸高的宇牆虎皮底座，朱牆白頂，色彩分明。山門內屋頂棚上繪有百隻紅蝙蝠飛翔在白雲間，寓意洪福齊天。

　　鐘樓和鼓樓聳立於天王殿前左、右兩側，素有「鐘王」之稱的華嚴鐘就曾懸掛於此。公元一七三三年，清世宗雍正皇帝根據「五行生剋」之說，決定將華嚴鐘置放在地處「京城之乾方，圓明園之日方」的風水寶地覺生寺，即今大鐘寺，移鐘工程直到公元一七四三年才完成。

　　五行生剋是五行學說的一種觀點。五行學說認為，宇宙是由金、木、水、火、土五行構成，五行之間存在相生相剋的規律。相生含有互相滋生，促進助長的意思，相剋含有互相制約、克制和抑制的意思。五行相生：木生火，火生土，土生金，金生水，水生木。五行相剋：木克土，土克水，水克火，火克金，金克木。

■萬壽寺的天王殿

天王殿裡供奉手執青光寶劍的增長天王、掌碧玉琵琶的廣目天王、拿混天珍珠傘的多聞天王和抓紫金龍或花狐貂的持國天王。這四大天王手裡所持的法器分別隱喻：「風」、「調」、「雨」、「順」。

大雄寶殿內供奉著三世佛即釋迦牟尼佛、藥師佛和阿彌陀佛，十八羅漢以及倒座觀音等。

相傳，這座觀音是大太監李蓮英刻意悄悄放上去的，意思是說慈禧太后這個「觀音佛到了，慈禧太后的「老佛爺」之稱即由此而得。

在大雄寶殿兩側金柱上，有乾隆皇帝御書楹聯：

戒慧光中煙雲皆般若

清涼界外花石盡真如

萬壽閣位於大雄寶殿正殿之後。閣後的大禪堂為萬壽寺住持講經說法之地。大禪堂後有一進院落，建有三座假山，象徵三大佛教名山，分別是觀音菩薩所在的普陀山，文殊菩薩所在的五台山和普賢菩薩所在的峨眉山。

■萬壽寺內的大雄寶殿

■萬壽寺內的無量壽佛殿

　　山後有兩株古銀杏樹分立兩旁，飽經滄桑的虯乾枝葉高聳入雲。其後還有乾隆御碑亭、無量壽佛殿、光緒御碑亭和千佛閣等。其間，蒼松翠柏，迴廊亭閣，錯落有致。

　　在無量壽佛殿前，有一座碑亭，由當朝宰相劉墉奉乾隆皇帝聖旨督建而成，碑頂全部採用明黃琉璃瓦，金碧輝煌。這座碑亭內立有乾隆皇帝當年御

製的石碑，碑文用滿、蒙、漢和藏四種文字詳細記載了乾隆年間修葺萬壽寺的經過。

在無量壽佛殿的東側，有一座造型奇特的門，它融合了巴洛克式建築和中式建築兩種風格，所以叫中西合璧門。

它的主題風格為巴洛克式，這在皇家寺院中風格極其獨特，為萬壽寺傳統建築平添了些許異國情調。西路為行宮院，靠前部分有四小院落，被中間夾道一分為二。左為壽膳房，右為壽茶房，其後是皇帝、太后駐蹕之行殿。

劉墉（公元一七一九年至一八〇四年），清代的書畫家和政治家。他是乾隆帝時進士，編修過《四庫全書》，做過吏部尚書，後官至內閣大學士，為官清廉。他精於書法，尤其擅長小楷，其傳世書法作品以行書為多。他著有《石庵詩集》和刻有《清愛堂帖》。

在行殿之後兩側有爬山遊廊，透過小亭到後樓。相傳，清末慈禧太后曾於此梳妝，故稱「梳妝樓」。再後有大悲殿及配殿，院中有一井亭，是專為皇帝講經之所。

東路是方丈院，前部有大齋堂、大廚房及僧房舍，中為齋堂、前宇和南房，齋堂之後有土山，最後是獨院。

從明朝起，萬壽寺便沒有香火。作為皇家寺廟，皇帝認為燒香總有會滅的時候，不太吉利，於是就用木板做成紅色牌子，在牌子面上寫上祈福的內容與對象，然後掛在廟裡，以祈洪福齊天。

萬壽寺是中國唯一沒有真正香火的寺廟，而象徵意義上的香火，便是那些掛滿各處寫滿了各種祝福的福牌子，這是萬壽寺的又一道亮麗風景，於中國寺廟而言，可謂獨具特色。

【閱讀連結】

傳說，為討慈禧太后歡心，大太監李蓮英特意命人製作了一個面似慈禧的觀音像，趕在慈禧太后的六十歲「萬壽慶典」前，悄悄放在了萬壽寺大雄寶殿如來佛的背後。

「萬壽慶典」這天，慈禧太后在大雄寶殿一番叩拜之後，突見如來佛後面憑空多出一尊觀音像，而且其神情與自己幾乎難分彼此，大為驚異，問道：

　　「李蓮英，這佛為啥見我直笑呀？」

　　李蓮英便故作驚詫地躬身言道：「啟稟太后，這就叫佛見佛笑啊！」

　　答畢，李蓮英趁機高呼：「恭請老佛爺聖安！」

　　大殿內外百官也一齊高呼：「祝老佛爺萬壽無疆！」

　　自此，「老佛爺」便成了慈禧太后的代稱。

國家圖書館出版品預行編目（CIP）資料

皇家寺院：御賜美名的著名古剎 / 李勇 編著 . -- 第一版 . --
臺北市：崧燁文化，2019.12
　　面；　　公分
POD 版

ISBN 978-986-516-161-3(平裝)

1. 寺院 2. 中國

227.2　　　　　　　　　　　　　　　　108018730

書　　名：皇家寺院：御賜美名的著名古剎

作　　者：李勇 編著

發 行 人：黃振庭

出 版 者：崧燁文化事業有限公司

發 行 者：崧燁文化事業有限公司

E-mail：sonbookservice@gmail.com

粉 絲 頁：　　　　　　網 址：

地　　址：台北市中正區重慶南路一段六十一號八樓 815 室

8F.-815, No.61, Sec. 1, Chongqing S. Rd., Zhongzheng

Dist., Taipei City 100, Taiwan (R.O.C.)

電　　話：(02)2370-3310 傳　真：(02) 2388-1990

總 經 銷：紅螞蟻圖書有限公司

地　　址：台北市內湖區舊宗路二段 121 巷 19 號

電　　話:02-2795-3656 傳真 :02-2795-4100　　網址：

印　　刷：京峯彩色印刷有限公司（京峰數位）

　　本書版權為現代出版社所有授權崧博出版事業有限公司獨家發行電子書及繁體
　　書繁體字版。若有其他相關權利及授權需求請與本公司聯繫。

定　　價：299 元

發行日期：2019 年 12 月第一版

◎ 本書以 POD 印製發行